英会話は、お返事でうまくいく!

徹底的に受け答えする英会話

長尾和夫＋テッド・リチャーズ●著

三修社

デザイン　一柳茂（クリエーターズユニオン）
ＣＤ制作　誠音社
編集協力　A+Café

はじめに

What's up?（最近どう？）
とたずねられたとき、みなさんはどのような英語で返事ができますか？

I'm doing great.（うまくいってます）
あるいは、
I'm O.K.（まあ、こっちは大丈夫だよ）

といった、いつものワンパターンな返事でお茶を濁してばかりではありませんか？
しかし、もし英語ではなく、日本語で会話をしているときだったら、みなさんはもっといろいろな言い方で返事をした可能性があるはずです。

例えば、
「いろいろ忙しくって」
「なんとかやってますよ」
「相変わらずですね」
など、多種多様な返事をしているみなさんの姿が目に浮かびます。

しかし、これらを英語で言いなさいと言われたら、途端に言葉に詰まってしまうのも、また紛れもない事実でしょう。しかし、当然のことながらネイティヴは、これらの微妙なフレーズをいともカンタンに英語で言ってのけてしまいます。例えば、上の3つの日本語を英語にしてみると、次のように多様なバリエーションで表現できるのです。

「いろいろ忙しくって」
  I've been keeping busy.（ずっと忙しくしています）
  A lot, actually.（実際、すごくいっぱいで）
  Where do I start?（どこから話せばいいか）

「なんとかやってます」
  I'm hanging in there.（なんとかやってます）
  I'm surviving.（なんとか生きてます）
  I'm managing somehow.（なんとかかんとかやってます）

「相変わらずですね」
　　　Nothing much.（相変わらずです）
　　　Same as usual.（いつもと同じですよ）
　　　Same old thing.（いつものごとくです）

　もちろん、まったく見たことも聞いたこともない表現ができないのは当然ですし、できないからと言って、自信をなくす必要もありません。みなさんに、これらの表現が思い浮かばなかったのは、単に知らなかったからなのです。もし、みなさんが、これらの言い方を知っていれば、みなさんにだって、当然ネイティヴ張りの言い回しができる可能性はあるのです。

　本書は、すでに紹介したようなお返事のバリエーションを1000個以上、47ものシチュエーションに分類して紹介してあります。
　「最近どう？」「久しぶり！」といった、日常的な問いかけへのお返事から、「可能性あるかな？」「君の意見は？」といった、返事のなかなか難しい問いかけへのお返事まで、多岐にわたる問いかけを用意し、それぞれの問いに対して、平均20パターン以上の答え方のバリエーションを紹介しておきました。

　1000のお返事のバリエーションがあれば、たいていのシーンでの会話に、ほぼ万全な対応が可能でしょう。とりあえず、本書に掲載してある1000のお返事表現で相手に返球して、さらに言葉をつないでいけるようになれば、みなさんの英会話力は、一歩と言わず、数歩前進するに違いありません。

　ぜひ、本書で、徹底的にネイティヴに受け答えする表現を身につけ、日常会話能力を大きく飛躍させてください。本書が、みなさんのお役に立てば、執筆者一同、これ以上のよろこびはありません。

　最後になりますが、本書の出版にあたりご尽力くださった三修社のスタッフのみなさんに、この場を借りてお礼を申し上げておきます。

　　　　　　　　　　　　　　　　　　　　　　　　2009年8月吉日
　　　　　　　　　　　　　　　　　　　　　　　　執筆者を代表して
　　　　　　　　　　　　　　　　　　　　　　　　長尾 和夫

もくじ

はじめに ……………………………………………… 3
使い方 ………………………………………………… 7

Section 1

👍 日常会話、基本のお返事！

1　「久しぶり！」へのお返事！ ……………………… 10
2　「最近どう？」へのお返事！ ……………………… 15
3　「いい天気だね」へのお返事！ …………………… 19
4　「ひどい天気ですね」へのお返事！ ……………… 23
5　「じゃあね！」へのお返事！ ……………………… 27
6　「ありがとう」へのお返事！ ……………………… 32
7　「ごめんなさい」へのお返事！ …………………… 35
8　「順調にいってる？」へのお返事！ ……………… 39
9　「具合は大丈夫？」へのお返事！ ………………… 43
10　「英語は話せますか？」へのお返事！ …………… 47
11　「明日の予定は？」へのお返事！ ………………… 51
12　「いっしょに…しない？」へのお返事！ ………… 56
13　「これからどうする？」へのお返事！ …………… 60
14　「なにが食べたい？」へのお返事！ ……………… 64
15　「料理の味はどう？」へのお返事！ ……………… 70
16　「楽しんでる？」へのお返事！ …………………… 75
17　「超、笑えるよね！」へのお返事！ ……………… 79
18　「この服どう？」へのお返事！ …………………… 84
19　「あの人のこと、どう思う？」へのお返事！ …… 89
20　「すごいでしょ？」へのお返事！ ………………… 95

Section 2

👍 確認や質問へのお返事！

21　「…に興味ある：好き？」へのお返事！ ………… 100
22　「わかりますか？」へのお返事！ ………………… 106

もくじ　5

23 「よくわからないんですが」へのお返事！ ……………… 110
24 「…って知ってる？」へのお返事！ ………………… 114
25 「これ、なんだか教えて？」へのお返事！ …………… 118
26 「…のこと知らなかった」へのお返事！ ……………… 123
27 「ほんとうなの？」へのお返事！ …………………… 128
28 「信じられる？」へのお返事！ ……………………… 133
29 「覚えてる？」へのお返事！ ………………………… 137
30 「満足ですか？」へのお返事！ ……………………… 142
31 「この考えどうかな？」へのお返事！ ……………… 146
32 「あなたは賛成？」へのお返事！ …………………… 150
33 「可能性あるかな？」へのお返事！ ………………… 155

Section 3

👍 お願い、アドバイス、評価などへのお返事！

34 「手伝おうか？」へのお返事！ ……………………… 160
35 「…してくれない？」へのお返事！ ………………… 164
36 「…してもいい？」へのお返事！ …………………… 168
37 「お願い！：頼むよ！」へのお返事！ ……………… 172
38 「だれにも言わないでね」へのお返事！ …………… 176
39 「アドバイスもらえる？」へのお返事！ …………… 180
40 「迷ってるの」へのお返事！ ………………………… 184
41 「…したほうがいいよ」へのお返事！ ……………… 188
42 「頼りにしてるよ」へのお返事！ …………………… 192
43 「ダメじゃない！」へのお返事！ …………………… 196
44 「ダメだった」へのお返事！ ………………………… 200
45 「がんばって！」へのお返事！ ……………………… 204
46 「やった！：できた！」へのお返事！ ……………… 208
47 「やったね！：よくやった！」へのお返事！ ……… 212

使い方

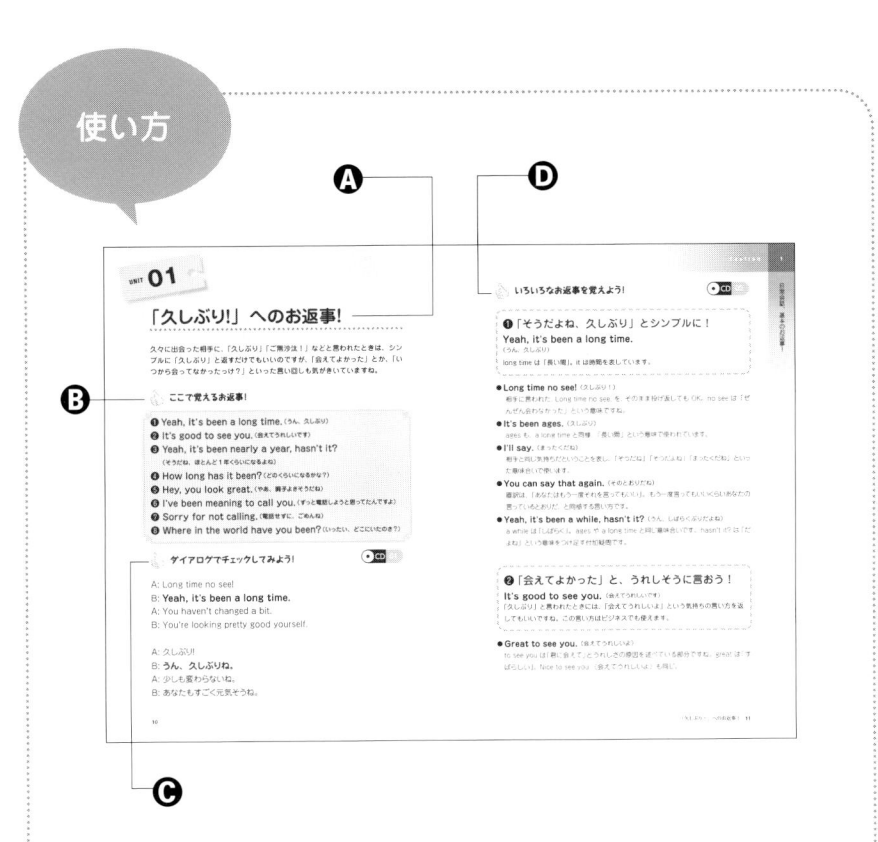

🅐 ユニット番号とタイトル

ユニットの番号とユニットタイトルです。そのユニットで紹介するたくさんのお返事表現を導きだす「問いかけ表現」「答えのきっかけとなる質問」を、そのままユニットのタイトルとして取り上げておきました。例えば、ユニット1のタイトルは、＜「久しぶり！」へのお返事！＞となっていますが、その問いかけへの多様なお返事を、ユニット1の中で紹介していきます。

🅑 ここで覚えるお返事！【CD音声なし】

このユニットの、キー・エクスプレッションです。
まずはじめに、このユニットに登場する「お返事」をまとめて紹介しています。表現の前に付した丸付き数字の番号は、「いろいろなお返事を覚えよう！」の番号と呼応しています。

❸ ダイアログでチェックしてみよう！ 【CD 音声あり】
このシーンで紹介する「お返事」を、自然なネイティヴのダイアログの中で紹介しています。
ダイアログ中の太字になっている表現が「お返事」フレーズですが、これは多くの場合、「いろいろなお返事を覚えよう！」に登場するほかの「お返事」のバリエーションと置き換えが可能です。

❹ いろいろなお返事を覚えよう！ 【CD 音声あり】
各ユニットの「問いかけ表現」への「お返事」のバリエーションを紹介します。似た表現を数表現ずつまとめて、番号を振って分類しておきました。ここに紹介した表現の多くは、そのままダイアログの太字の表現と置き換えて使用することができます。

Section 1

日常会話、
基本のお返事！

UNIT 01

「久しぶり!」へのお返事!

久々に出会った相手に、「久しぶり」「ご無沙汰！」などと言われたときは、シンプルに「久しぶり」と返すだけでもいいのですが、「会えてよかった」とか、「いつから会ってなかったっけ？」といった言い回しも気がきいていますね。

👍 ここで覚えるお返事!

❶ Yeah, it's been a long time. (うん、久しぶり)
❷ It's good to see you. (会えてうれしいです)
❸ Yeah, it's been nearly a year, hasn't it?
　（そうだね、ほとんど１年くらいになるよね）
❹ How long has it been? (どのくらいになるかな？)
❺ Hey, you look great. (やあ、調子よさそうだね)
❻ I've been meaning to call you. (ずっと電話しようと思ってたんですよ)
❼ Sorry for not calling. (電話せずに、ごめんね)
❽ Where in the world have you been? (いったい、どこにいたのさ？)

👍 ダイアログでチェックしてみよう！　　🔴CD 01

A: Long time no see!
B: **Yeah, it's been a long time.**
A: You haven't changed a bit.
B: You're looking pretty good yourself.

A: 久しぶり！
B: **うん、久しぶりね。**
A: 少しも変わらないね。
B: あなたもすごく元気そうね。

いろいろなお返事を覚えよう！　　CD 02

❶「そうだよね、久しぶり」とシンプルに！
Yeah, it's been a long time.（うん、久しぶり）

long time は「長い間」。it は時間を表しています。

- **Long time no see!**（久しぶり！）
  相手に言われた、Long time no see. を、そのまま投げ返しても OK。no see は「ぜんぜん会わなかった」という意味ですね。
- **It's been ages.**（久しぶり）
  ages も、a long time と同様、「長い間」という意味で使われています。
- **I'll say.**（まったくだね）
  相手と同じ気持ちだということを表し、「そうだね」「そうだよね」「まったくだね」といった意味合いで使います。
- **You can say that again.**（そのとおりだね）
  直訳は、「あなたはもう一度それを言ってもいい」。もう一度言ってもいいくらいあなたの言っているとおりだ、と同感する言い方です。
- **Yeah, it's been a while, hasn't it?**（うん、しばらくぶりだよね）
  a while は「しばらく」。ages や a long time と同じ意味合いです。hasn't it? は「だよね」という意味をつけ足す付加疑問です。

❷「会えてよかった」と、うれしそうに言おう！
It's good to see you.（会えてうれしいです）

「久しぶり」と言われたときには、「会えてうれしいよ」という気持ちの言い方を返してもいいですね。この言い方はビジネスでも使えます。

- **Great to see you.**（会えてうれしいよ）
  to see you は「君に会えて」とうれしさの原因を述べている部分ですね。great は「すばらしい」。Nice to see you.（会えてうれしいよ）も同じ。

❸「…からずっと会ってないね」と言おう！
Yeah, it's been nearly a year, hasn't it?
(そうだね、ほとんど1年くらいになるよね)

「いついつから会ってない」という言い方は、英語でもしますよ。nearly a year は「ほぼ1年」という意味。

- **I haven't seen you since Jane's graduation.**
  (ジェーンの卒業のとき以来、会ってないね)

  haven't ＋過去分詞＋ since … は「…以来、…していない」という意味になる完了表現です。

- **Yeah, it must be almost a year since we last met.**
  (最後に会ってから、ほぼ1年くらいかな)

  must be は「…に違いない」という意味。

❹「いつから会ってないかなあ？」とたずね返そう！
How long has it been? (どのくらいになるかな？)

how long は「どのくらい」と、時間の長さをたずねる表現でしたね。このように、相手の言葉に反応して、「いつから会ってなかったっけ？」と質問してしまっても OK ですね。

- **Yeah, when did we last meet?** (うん、最後に会ったのはいつだっけ？)

  last meet は「最後に会う」という意味。last の位置に注意しましょう。

- **Yeah, I can't even remember when we last met.**
  (うん、最後にいつ会ったのかも思い出せないね)

  いつから会っていないか思い出せないほど、久しぶりなときには、こういう言い方もできます。can't even remember は「思い出すことさえできない」。

❺ 相手の外見についてコメントしよう！
Hey, you look great. (やあ、調子よさそうだね)

hey は「おい」という呼びかけ。look great（調子がよさそうに見える）というフレーズで、相手の合具合を推測しているお返事ですね。

- **You seem to be doing well.**（元気にやってるみたいだね）
  seem to ... は「…しているように見える」。do well は「元気に過ごす；順調にやっていく」。

- **Have you lost weight?**（やせた？）
  相手の体型がよくなっているかな、と思ったら、こんな言い方もいいですね。ただし、逆に、「太った？」= Have you gained weight? とは聞かないようにしましょうね。

- **You haven't changed a bit.**（ちっとも変わってないね）
  過去の姿と、まったく印象が変わってないときの言い回し。相手の若さや容姿が変わらないね、とほめる表現です。

---

❻「連絡を取りたかったけど…」と返そう！

I've been meaning to call you.
（ずっと電話しようと思ってたんですよ）
会えなかったけど、かねがね連絡は取りたかったんだ、と伝えると、好印象ですね。mean to は、ここでは、「…しようと思っている」という意味。

- **I was planning to email you.**（メールしようとしていたんですよ）
  plan to ... は「…しようと予定する」ということ。

- **I tried to call you, but I lost your number.**
  （電話しようとしたんだけど、君の番号なくしちゃって）
  連絡したいけどできない状況だったことを伝える返事です。実際、ままあるケースですね。try to ... は「…しようと試みる」、lose someone's number は「…の番号をなくす」の意。

---

❼「連絡しなくてごめん」とお詫びを言おう！

Sorry for not calling.（電話せずに、ごめんね）
なかなか連絡できず、悪いな、と感じていたら、このような言い方で、素直な気持ちを伝えましょう。for not calling は「電話せずに」という意味。

- **Sorry for not keeping in touch.**（連絡せずにごめんね）
  keep in touch は「連絡を取る」という意味の熟語。

- **Sorry for not answering your emails.**（メールを返さずごめんね）
  メールをもらっていたのに、返事をしていなかったときに。answer は、ここでは「返事を返す」という意味。email は、ネイティヴによって、「数えられない名詞」にも「数えられる名詞」にもなることもついでに覚えておきましょう。まだ、できてから歴史の浅い単語ということなのでしょうね。

❽「いったいどこに行ってたの？」と問い返そう！
Where in the world have you been?
（いったい、どこにいたのさ？）
久しぶりに会った相手に、「どこに隠れてたんだ」「どこに消えてたの？」と冗談まじりに返す言い方もあります。in the world は「いったい全体」という意味の強調のフレーズ。

- **What in the world have you been up to?**
  （いったいなにをしていたさ？）
  be up to ... は「…を手がけて：もくろんで」といった意味。
- **Where have you been hiding?**（どこに隠れてたのさ？）
  hide は「隠れる」という意味の動詞。

UNIT 02

「最近どう?」へのお返事!

出会った相手に、What's up?（最近どう？；調子はどう？；どうしてる？）とあいさつされたとき、いつも同じ返事をしてませんか？「相変わらずだよ」「調子いいよ」などのお返事のバリエーションを覚えましょう。

👍 ここで覚えるお返事!

❶ **Nothing much.**（相変わらずだよ）
❷ **I'm doing great.**（最高だよ）
❸ **I'm OK.**（こっちは、まあ大丈夫だよ）
❹ **I'm hanging in there.**（なんとかやってるよ）
❺ **I've been keeping busy.**（忙しくしてるよ）
❻ **Don't ask.**（聞かないでよ）

👍 ダイアログでチェックしてみよう! 　　CD 03

A: Hey Dave, what's up?
B: **Nothing much.** What's up with you?
A: **Same as usual.** I'm still working on my book.
B: Are you making any progress?

A: あら、デイヴ、調子はどう？
B: **相変わらずだよ。**そっちはどう？
A: **相変わらずよ。**まだ本を書いてるわ。
B: うまくいってるかい？

いろいろなお返事を覚えよう！

CD 04

❶「別に；相変わらず」と返そう！

Nothing much.（相変わらずだよ）
自分の周囲にこれといって変わりがないとき、代わり映えしないときには、ここで紹介する言い回しでさらっと答えましょう。nothing much は「たいしたことはあまりない」、つまり「いつもどおりでたいして代わり映えしない」という意味。

- **Same as usual.**（いつもどおりだよ）
「いつもと同じ」が直訳。これもいつもどおり、相変わらずだと伝えるお返事です。
- **The usual.**（相変わらずだね）
the usual とは、「いつもの；いつものやつ；お決まりの」といった意味。いつも飲むお酒を注文するときにも、この言い方が使えます。
- **Same old thing.**（いつものことさ）
same old ... で「いつもお決まりの；昔からお決まりの」という意味。thing は、この文では日々の出来事や暮らしぶりのこと。

❷「最高だよ；絶好調だよ」と返事をしよう！

I'm doing great.（最高だよ）
物事がうまくいっているときには、この I'm doing great.（絶好調だ）といった言い方を使いましょう。doing great は、直訳すると「すばらしくやっている」。Great. と短縮しても OK。

- **Things are looking pretty good.**（かなりいい感じだよ）
直訳は「いろいろな物事が、かなりよく映っている」。自分の周囲で、いろいろなものがうまく運んでいるときに。
- **Couldn't be better.**（最高）
be better は、「これ以上さらによい」。フレーズ全体では、「さらによくなることはないだろう」、つまり「いまは最高の状態だ」という意味。
- **Things have been going really well.**（すごくうまくいってるよ）
go really well で、「ほんとうにうまくいっている；運んでいる」という意味。

❸「まあまあ；まあいいよ」と返事をしよう！

I'm OK.（こっちは、まあ大丈夫だよ）
ここでは、「まあいいんじゃないかな」といったニュアンスの返事を覚えましょう。OK は「まあ、ふつうにいい」「ふつうだから大丈夫」といったニュアンス。

- **Not bad.**（悪くないね）
  「悪くない」が直訳ですが、not を強く読むと、「悪くはない；まあまあいい」という感じ。not と bad 両方を強めると「すごくいい！」というニュアンスにもなります。

- **I'm doing so-so.**（まあまあかな）
  so-so は日本語の「まあまあ」「ぼちぼち」とほぼ同じニュアンス。フレーズ全体を直訳すると、「まあまあでやってるよ」という感じ。

❹「なんとかやっているよ」と返そう！

I'm hanging in there.（なんとかやってるよ）
あまりよくない状態をなんとかしのいでいるときには、ここに登場する言い方で受け答えしましょう。hanging in there は「そこにつかまっている」が直訳。「しがみついてなんとかやってますよ」といったニュアンスです。

- **I'm surviving.**（なんとかやってる）
  survive は「生き残る」という意味の動詞。これも「なんとかやっていっている」と言いたい場面で使えます。

- **I'm managing somehow.**（なんとかやってる）
  managing は「やりくりしながら、なんとかやっている；しのいでいる」という意味合い。somehow は「なんとか」。

❺「いろいろあって忙しい」と答えよう！

I've been keeping busy.（忙しくしてるよ）
かなり忙しい状態のときには、ここで登場する言い方が GOOD。keep busy は「忙しくしている」という意味。完了形が、「ここのところずっと」といったニュアンスを添えています。

- **A lot, actually.**（実際ものすごいんだよ）
「ものすごくたくさん、いろいろなことがあるんだよ、実際」が直訳。いろいろあって、ほんとうに忙しくしているときに使いましょう。

- **Where do I start?**（どこから話せばいいかな？）
こちらも、どこから話せばいいかわからないほど、いろいろなことがある、といったニュアンス。

❻「聞かないでくれよ」と嘆いてみよう！

Don't ask. （聞かないでよ）
あまり好ましい状態ではないときに、「聞かないでよ」とちょっとぼやく感じで言う受け答えを覚えましょう。Don't ask. は「聞かないでくれ」が直訳。「あまりいい話はないから聞かないでくれよ」といったニュアンス。

- **You don't want to know.**（知りたくないと思うよ）
You don't want to hear.（君は聞きたくないよ）というバリエーションもあります。

UNIT 03

「いい天気だね」へのお返事!

天気の話は、日常のあいさつに、とてもよく登場しますね。このユニットではまず、「いい天気ですね」と言われたときのお返事パターンを覚えましょう。「…するのに、いいお日和ですね」、「この天気が続くといいね」といったパターンを練習しておくといいですね。

ここで覚えるお返事!

❶ It sure is.（ほんとうにね）
❷ Yeah, it's a great day for＿＿.（うん、…するのにすごくいい天気だね）
❸ Yeah, I hope it lasts through the weekend.
　（ええ、週末も続くといいですね）
❹ Yeah, I wish I could ＿＿.（…できたらいいのに）
❺ I heard it's going to rain tonight, though.
　（でも、今夜は雨になるって聞きましたよ）
❻ I should have hung out the laundry.（洗濯物、干しておくんだった）

ダイアログでチェックしてみよう! 　CD 05

A: Nice weather, isn't it?
B: **Yeah, I hope it lasts through the weekend.**
A: Are you going somewhere?
B: I was planning to take the kids to the beach.

A: いい天気だね!
B: **ええ、週末の間もってくれるといいんだけど。**
A: どこかに行くのかい?
B: 子供をビーチに連れていこうと思っていたんだけど。

いろいろなお返事を覚えよう！

❶「そうだね」とシンプルに答えよう！

It sure is.（ほんとうにね）

相手の言うとおりだと、強くうなずくときの言い方ですね。sure は「確かに」と強調する単語です。

- **Yeah, it's wonderful.**（ええ、いいお天気ですね）

    「ええ」と受けて、そのうえで、it's wonderful.（すばらしいですね）とお天気に関してコメントしています。

- **Yeah, I love the weather this time of year.**

    （ええ、この時期のお天気、大好きなんです）

    自分の好きな季節であれば、こんなコメントを加えて言うのもいいですね。this time of year は「1年のこの時期」。

- **We've been having great weather recently.**

    （最近ずっといいお天気ですよね）

    今日だけではなく、最近ずっとお天気がいいのなら、こんな言い方もしゃれています。great weather は「すばらしい天気」。The weather has been great. でも、同じ意味を表せます。

❷「…をするのにいい天気だね」と返そう！

Yeah, it's a great day for ___ .（うん、…するのにすごくいい天気だね）

「…するのに、すごくぴったりの好天だね」というパターンの返事です。for の後ろには、例えば、a picnic（ピクニック）、a drive（ドライブ）、a barbecue（バーベキュー）、a walk（散歩）などの語を入れましょう。

- **Yeah, it's perfect weather for ___ .**（…するのには完璧なお天気だね）

    上のフレーズのバリエーション。perfect は「完璧な；最適な」という意味です。

- **Yeah, it would be nice to ___ , wouldn't it?**

    （うん、…したらいいだろうね）

    go to the park（公園に行く）、hang out at the beach（ビーチでぶらぶら過ごす）などのフレーズを入れて言ってみましょう。

❸「いい日和が続くといいね」と言おう！

Yeah, I hope it lasts through the weekend.
(ええ、週末も続くといいですね)

through the weekend は「週末を通して」。

- **Let's hope it lasts.**（お天気が続くことを期待しましょう）

  it lasts で「いいお天気が続く」という言い方。

- **I hope it stays nice.**（いい天気が続くといいですね）

  stay nice も「いい天気がそのまま継続する」という意味。

❹「…ならいいのにね」と仮定の返事をしてみよう！

Yeah, I wish I could ___.
(…できたらいいのに)

仮定法のセンテンス。「…できたらいいのに」という気持ちを伝えます。いくつか使用例を挙げておきます。

・Yeah, I wish I could take the day off.（仕事を休めたらいいのに）
・Yeah, I wish I could go outside.（外出できたらいいのに）

- **Yeah, I wish I didn't have to work.**

  (うん、仕事をしなくてよければいいのに)

  have to work は「仕事をしなければならない」の意。

- **Yeah, I should have called in sick.**（うん、病欠の連絡をすべきだったよ）

  should have は「…しておくべきだった」という後悔の表現。call in sick は「病欠すると電話をかける」という意味。

- **Yeah, it's too bad we have to work.**

  (うん、仕事をしなきゃならないなんて、ついてないよね)

  too bad は「残念；運が悪い；ついてない」という意味のフレーズ。

> ❺ 今後の天気の予想を話そう！
> **I heard it's going to rain tonight, though.**
> （でも、今夜は雨になるって聞きましたよ）
> この言い方のように、これからの天気の話題に振り替えて返事をするときもあります。

- **It's supposed to rain tomorrow, though.**
  （でも、明日は雨になるそうですよ）
  be supposed to ... は「…することになっている；…するはずだ」という意味。天気予報などにもよく登場する言い回しです。
- **They said it's going to rain.** （予報では、あとで雨が降るようです）
  be going to ...（する予定だ）というフレーズで、未来のことを話しています。they said は、「…するらしい」という伝聞の表現。天気予報などで耳に挟んだ話題を伝える言い方。
- **The weather forecast says there's a 50% chance of rain.**
  （天気予報では、降水確率は50%だと言ってましたよ）
  weather forecast は「天気予報」。50% chance of ... は「…の50%の可能性」。

> ❻ 洗濯物などの話題で返そう！
> **I should have hung out the laundry.**
> （洗濯物、干しておくんだった）
> お天気の話に洗濯物はつきものですね。should have ... は「…しておけばよかった」という意味。この hang out the laundry は「洗濯物を干す」。アメリカではあまりしない会話ですが、私たち日本人は、ネイティヴにこんな返事をしてもOKです（次も同じです）。

- **It's a great day to put out the futons.**
  （布団を出すのにいい天気ですね）
  put out は「外に出す；干す」の意。

UNIT 04

「ひどい天気ですね」へのお返事!

前のユニットとは逆に、「天気がよくないね」と振られたときの返事のパターンをチェックしていきましょう。「ほんとうにいやな天気ですね」と愚痴を言ったり、「これからよくなるらしいですよ」と予測を述べる言い方などがあります。

ここで覚えるお返事!

❶ I'm sick of this weather.（もうこんな天気、うんざり）
❷ I hope it clears up by tomorrow.（明日までに晴れるといいですね）
❸ They said it would be sunny today.（予報では晴れだったのに）
❹ They said it's going to clear up by tomorrow.
　（明日には晴れるようですよ）
❺ At least it isn't snowing.（少なくとも雪ではないからね）
❻ Actually, we need the rain.（実は雨が降ったほうがいいんだよ）

ダイアログでチェックしてみよう！　CD 07

A: Awful weather, isn't it?
B: **Yeah, I hope it clears up by tomorrow.**
A: Me, too. I'm tired of this weather.
B: Does it always rain so much this time of year?

A: ひどい天気ですね！
B: **ええ、明日までに晴れてくれればいいんですが。**
A: そうですよね。このお天気にはもう飽き飽きです。
B: この時期、いつもはこんなに雨が降るかなあ？

いろいろなお返事を覚えよう！　CD 08

❶「もういやだ」と、うんざりしてみよう！

I'm sick of this weather.（もうこんな天気、うんざり）
sick of ... は「…にうんざりしている」。ひどい気候に嫌気がさしているときの返事をチェックしましょう。

- **I'm tired of all this rain.**（雨ばかりで、もう飽き飽きだ）
  be tired of は、「…に飽き飽きしている」という意味。ひとしきり続いているいやな天気に関してコメントするときに使いましょう。
- **This weather is depressing.**（この天気、うっとうしいよね）
  depressing は「気を滅入らせるような」という意味の形容詞です。日本の梅雨のシーズンなどに、どんどん使ってみましょう。

❷「晴れるといいね」と返そう！

I hope it clears up by tomorrow.
（明日までに晴れるといいですね）
お天気が悪いと、こういう言い方をしたいのは万国共通なのです。clear up は「晴れる」。I hope it clears up soon.（早く晴れるといいですね）という言い方も併せて覚えましょう。

- **We could use some sunshine around here.**
  （この辺じゃ、ちょっとお日さまが欲しいところだよね）
  その地域で、悪天候が続いているときに。We could use は直訳すると、「私たちには使えたらいいのに」。なにかを希望しているときの言い回しです。ここでは sunshine（お日さま）を希望していますよ。

❸「(予報では)晴れって言ってたのに」と言おう！

They said it would be sunny today.
（予報では晴れだったのに）

They said ... は、「彼らはそう言っていた」が直訳。ここでの、「彼ら」にあたるのは天気予報ですね。They said it was going to clear up today. でも同じ意味になります。

- It was supposed to be sunny today.
（今日は晴れのはずだったよね）

be supposed to ... は「…するはず；…することになっている」という意味。

- I thought it was going to be sunny today.
（今日は、晴れると思っていたのに）

そのままの意味ですね。やさしい言い方なので、まずはこれを使ってみましょう。

❹「これから回復するらしいよ」と伝えよう！

They said it's going to clear up by tomorrow.
（明日には晴れるようですよ）

これも予報を聞いて仕入れた話をするときに使えます。これから先のお天気を話すときに使いましょう。

- It's supposed to clear up by the weekend.
（週末までには天気がよくなるそうだよ）

「週末までには、天気がよくなることになっている」が直訳です。もっとかんたんに同じ意味を伝えたいなら、The weather forecast says it will clear up.（天気予報では、晴れると言ってますよ）などで。

❺「雪になるよりはましだよ」と言おう！

At least it isn't snowing. （少なくとも雪ではないからね）

「雪になるよりは、まだまし」という意味。at least は「少なくとも」。

- **At least it's not the weekend.**（少なくとも週末ではないからね）

  「週末に降られるよりはまし」という気持ちのこもった表現です。このほかにも、at least を使ったものには、At least we don't have to go outside.（少なくとも、出かける必要はないからね）といった言い方もあります。

- **It could be worse.**（もっとひどいときだってあるよ）

  「お天気はよくはないけど、最悪の状態ではない」といった含みのある言い回しです。

---

❻ その他の、いろいろなお返事！
Actually, we need the rain.
（実は雨が降ったほうがいいんだよ）

実は雨が好き、あるいは、雨が降ってなかったのでそろそろ降ってくれたほうがいいといった状況で使う言い方も、いろいろと覚えましょう。

- **Actually, we could use a little rain around here.**

  （この辺の地域は、ちょっと降ってくれたほうが助かるんだよ）

  この we could use ... は「…になると助かる：…だと助かる」といった意味合いのフレーズ。雨が少なく、ちょっと心配だったときなどに使うとバッチリですね。

- **A little rain once in a while wouldn't hurt.**

  （たまには雨がちょっと降るのもいいんじゃない）

  once in a while は「時折：たまの」。wouldn't hurt は「傷つけることはない」、つまり「悪くない」という意味です。

- **Personally, I don't mind the rain.**

  （個人的には、雨は気にはならないんだ）

  mind は「気になる：気にする」。

- **I'm used to the rain.**

  （雨には慣れているんですよ）

  be used to ... は「…に慣れている」という意味。

- **This is nothing. Where I come from, it rains all the time.**

  （たいしたことありませんよ。私の田舎ではいつも雨ばかりでしたから）

  「自分の故郷と比較すれば、この程度の雨は全然平気」というニュアンス。

UNIT 05

「じゃあね!」へのお返事!

別れ際、ネイティヴに、See you! と言われたとき、こちらも同じように See you! と返事をするばかりでは、ちょっとワンパターンですね。さよならのあいさつをされたときの、お返事パターンを増やしましょう。

ここで覚えるお返事!

❶ See you later!（じゃあね）
❷ Don't be a stranger!（連絡ちょうだいね!）
❸ You've got my address, right?（私のメアドわかるよね?）
❹ Take care of yourself!（気をつけてね!）
❺ Good luck with your ___!（…がんばって!）
❻ Say hi to ___.（…によろしくね）
❼ Don't do anything I wouldn't do!（気をつけるのよ!）

ダイアログでチェックしてみよう！　CD 09

A: See you!
B: **Don't be a stranger.**
A: **I'll email you, I promise.**
B: If it's easier, you can text me.

A: またね!
B: **連絡ちょうだいね。**
A: **必ずメールするよ。**
B: そのほうが便利だったら、携帯メールでもいいわよ。

いろいろなお返事を覚えよう！　CD 10

❶ シンプルに返事をしよう！

See you later!（じゃあね！）
まずは、シンプルな定番の返事からチェック。「またあとでね」が直訳。See you!/ See ya!（じゃあね）、Later!（じゃあね）と短く言っても OK です。

- **Bye!**（バイバイ！）
Goodbye!（バイバイ！、さよなら！）を短くしたもの。
- **Cheers!**（じゃあね）
英国英語では、Cheers! も別れのあいさつに使えます。Cheers! の「乾杯」以外の意味の使い方を覚えちゃいましょう。

❷「連絡取り合おうね！」と返そう！

Don't be a stranger!（連絡ちょうだいね！）
stranger は「見知らぬ人」が直訳。「連絡を怠って、知らない人にならないでね」という感じのひとこと。「連絡をちょうだい」という言い方をいろいろとチェックしてみましょう。

- **Let's keep in touch!**（連絡取ろうね！）
keep in touch は「連絡を取る［取り合う］」の意。
- **Call me!**（電話してね！）
シンプルに、命令文を使って「電話してね！」「電話かけて！」と伝える言い方。必ずしも、絶対に電話をくれという意味ではなく、単純にあいさつ代わりに使うこともよくあります。
- **I'll email you.**（メールするね）
最近は、「電話するね」と言う代わりに、この表現も多くなってきました。ここでの email は「E メールする」という意味の動詞ですね。この表現のときには、「パソコンから打つ E メール」を思い描きながら話をしています。
- **Email me!**（メールしてね！）
ひとつ上のフレーズとは逆に、「メールしてね」と言うときの言い方。
- **Text me!**（携帯メールして！）
「テキストしてね」が直訳ですが、通常この表現は、「携帯メールをちょうだい」とい

う意味で使われます。携帯からのシンプルなテキストでのメールを待っている、ということですね。text messaging（テキストでメッセージを送ること）を略した texting という語が、動詞化したもの。

❸「私の連絡先、わかるよね？」と言ってみよう！
You've got my address, right?（私のメアドわかるよね？）
もしかすると、相手がこちらの連絡先を控えてないかも、という場面で使いましょう。この address は「メールアドレス」の意味。

- **You've got my number, right?**（私の電話番号わかるよね？）
  number は「電話番号」。
- **You know how to reach me?**（私の連絡先、わかるよね？）
  「あなたは、私にどうやってたどり着くか知っているよね？」が直訳。
- **You know where I am?**（私の居場所、わかってるよね？）
  where I am は「私の場所；いるところ；住所」の意。

❹「あまり無理をしないで！」と言いたい！
Take care of yourself!（気をつけてね！）
相手を気づかって「（からだに）気をつけてね」と返すひとこと。Take care!（気をつけてね）と短く言っても OK。ちょっと疲れている人、仕事をしすぎているかなと思われる人などに言ってあげたい別れのお返事ですが、もちろん、そうでない人に言っても OK ですよ。

- **Don't work too hard!**（働きすぎないようにね）
  仕事をもっている人へのあいさつなら、こういう言い方もあります。ちょっと冗談めかして、「あんまり働きすぎないようにね」とひとこと伝えています。
- **Don't stress yourself out too much.**（ストレスためすぎないのよ！）
  stress ... out は「…をストレスで参らせる」という意味。これも相手の健康やからだを気づかうあいさつのひとつ。さりげない思いやりが伝わります。
- **Don't strain yourself too much.**（あんまりがんばりすぎないでね）
  strain は「精神的に張りつめさせる」という意味。自分をいたわって、少しのんびり目にするのよ、と心配してあげる言い方です。

- **Try to take it easy, OK?**（気楽にね、わかった？）
  take it easy は「リラックスして、肩の力を抜いてやりなさい」と伝えるひとこと。このように別れ際に使うのも GOOD ですね。

❺「がんばって！」「うまくいくようにね」と声をかけよう！

Good luck with your ＿＿＿！（…がんばって！）
good luck は「幸運」。下線部分には、幸運が訪れてほしい物事を入れて言ってみましょう。[例] Good luck with your exams!（試験、がんばってね！）。この表現と、次の表現は、ビジネスで使っても大丈夫です。

- **I hope your ＿＿＿ goes well.**（…が、うまくいきますように）
  相手がこれからやることがうまくいくように、と伝える別れの返事です。下線の部分には、interview（面接）などの単語を入れてください。[例] I hope your interview goes well!（面接うまくいくといいね）。

❻「…によろしく」と言おう！

Say hi to ＿＿＿．（…によろしくね）
say hi to … は「…によろしく伝える」という意味。「…によろしくね」と言うときの決まり文句です。下線部には人名を入れましょう。

- **Tell ＿＿＿ I said hi.**（…によろしく伝えてね）
  I said hi は「私がよろしくと言っていた」という意味。
- **Give ＿＿＿ my regards.**（…によろしくね）
  regards は「心遣い；よろしくという伝言」のこと。
- **Don't forget to say hi to ＿＿＿．**（…によろしく伝えるのを忘れないでね）
  Don't forget … は「…を忘れないで」という言い方ですね。

❼ 「変なことをしないでね」と冗談っぽく！

Don't do anything I wouldn't do!（気をつけるのよ！）

直訳は、「私がしないようなことをしないでね」。ちょっとなにかおかしなことをしたがために、トラブルに陥ったりすることはよくあります。そういうことのないように、ちゃんと過ごすのよ、といった含みのある言い方です。

- **Stay out of trouble!**（トラブルに気をつけて！）
「トラブルに近づかないようにね；巻き込まれないようにね」が直訳。上のフレーズと同じ意味合いで使えるお返事のひとつです。

- **Drive safely!**（安全運転でね！）
車で来た相手と別れる場面では、こんな言い方もあります。「慎重かつ安全に運転してね」という意味ですね。

UNIT 06

「ありがとう」へのお返事!

相手になにかで感謝されたときの、You're welcome.（どういたしまして）や No problem.（大丈夫です；かまいません）などのお返事は多くの人が知っていますね。ここでは、感謝されたときのお返事バリエーションをもう少し増やしておきましょう。

👍 ここで覚えるお返事!

❶ No problem.（全然）
❷ Thank you.（こちらこそ）
❸ Glad to be of help.（お役に立ててよかったです）

👍 ダイアログでチェックしてみよう！　　🔴 CD 11

A: Thank you.
B: **No problem. Glad to be of help.**
A: Well, you saved us a lot of trouble.
B: Really, it was nothing. If you ever need anything, just give me a call.

A: ありがとう。
B: **全然。お役に立ててよかったですよ。**
A: おかげで厄介なことにならずにすんだわ。
B: ほんとうになんでもないことですから。なにかあったら、いつでも電話くださいね。

いろいろなお返事を覚えよう！

CD 12

❶ 感謝へのスタンダードなお返事！

No problem.（全然）
直訳すると、「ゼロの問題」。「なんの問題もないから、気にしないで」というニュアンスです。Thank you と言われたときは、まず相手の気持ちを否定せずに受け止めるのが礼儀。だから、シンプルに明るく、この No problem! や 次の You're welcome! などで返事をするのがベストです。

- **You're welcome.**（どういたしまして）
  感謝へのもっともスタンダードな返事のひとこと。
- **Not at all.**（かまいませんよ）
  直訳は、「少しも…ない」です。「なんでもないことですから、かまいませんよ」という気持ちで言いましょう。
- **Don't mention it.**（かまわないよ）
  「それを口にしないで」が直訳。「気にすることはないから、お礼なんて言わなくていいんですよ」という感じ。
- **Anytime.**（いつでもどうぞ）
  anytime は「いつでも」の意。「今後もなにかあったらいつでも言ってね」というニュアンス。

❷「こちらこそ」と返事をしよう！

Thank you.（こちらこそ）
相手が感謝してくれているけど、こちらもお世話になっているので、自分としても感謝したい。そういった場面で使いましょう。you を強く読んで、「私のほうこそ、あなたに感謝しています」という気持ちを伝えましょう。

- **I should be thanking you.**（私のほうこそ）
  これも相手に逆に感謝の言葉を返す言い回しです。「私のほうこそ、あなたに感謝するべきです」が直訳。
- **Thank you for ___.**
  （…してくれてありがとう）

相手が Thank you for ... と言ってきたときに、同じく Thank you for ... のフレーズを使って返事をすることがあります。次のような使い方をしましょう。
［例］　A: Thank you for coming today.（今日は来てくれてありがとう）
　　　　B: Thank you for having us.（ご招待いただきどうも）

❸ その他の、いろいろなお返事
Glad to be of help.
（お役に立ててよかったです）
be of help は「役に立つ」という意味。glad to ... は「…できてうれしい」という意味ですね。

- **You owe me one.**（貸しにしとくから）
one は「ひとつ」ですが、このフレーズでは「（ひとつの）借り」という意味で使います。「あなたは、ひとつ私に借りがある」が直訳。冗談ぽく使います。

- **Sorry I couldn't be of more help.**
（もう少しお役に立てればよかったのですが）
more help は「もっとたくさんの手助け」。「もっとお役に立てなくてすみません」という気持ちの言い回しです。

＃ UNIT 07

「ごめんなさい」へのお返事!

相手がなにかで謝ってきたときには、どんな返事をすればいいでしょうか。That's OK.（いいから）と、いつでもやさしく言えるわけではないでしょうから、そんなときのためにも返事のバリエーションを増やしておきたいものですね。

👍 ここで覚えるお返事!

❶ **No problem.**（問題ないよ）
❷ **Let's forget about it.**（そのことは忘れようよ）
❸ **I know you didn't mean it.**（わざとではないのはわかっているよ）
❹ **Don't blame yourself.**（自分を責めないで）
❺ **It's not your fault.**（君のせいじゃないよ）
❻ **Apologies won't fix anything.**（謝ってももう遅いよ）
❼ **You owe me one.**（貸しにしておくから）

👍 ダイアログでチェックしてみよう! 　CD 13

A: Sorry for not contacting you about the party.
B: **No problem.** When is it?
A: Actually, it was yesterday. Sorry!
B: **You owe me one.**

A: パーティーのこと連絡しなくてごめんね。
B: **いいよ。**いつなの?
A: 実は昨日だったんだ。ホントごめんなさい!
B: **ひとつ貸しにしておくよ。**

いろいろなお返事を覚えよう！

❶「いいよ、気にしないで」と返事をしよう！

No problem. （問題ないよ）
たいしたことではないから気にしないでと言うときにも、いろいろな言い方ができます。「まったく問題ではない」からぜんぜん気にしないで、という意味。

- **That's OK.** （大丈夫だよ；いいよ）
  「OK だよ」というだけでも大丈夫です。いちばんかんたんな答え方ですね。
- **Don't worry about it.** （気にしないで）
  worry about ... は「…について思い悩む；心配する」の意。
- **It's no big deal.** （たいしたことないさ）
  big deal は「大事；大変なこと」という意味。
- **No sweat.** （気にしないで）
  直訳は「汗もかかない」。お礼を言われたときに「ぜんぜん」「楽勝だよ」という意味でも使いますが、このように「気にしないで」という意味でも使われます。
- **It's OK, no harm done.** （大丈夫、ぜんぜん平気だから）
  harm は「害」。no harm done は「害はなかった」ということ。

❷「忘れよう」と、さらりと流そう！

Let's forget about it. （そのことは忘れようよ）
相手が気にしているときには、ここで紹介する表現で、「もう忘れよう」という意図を伝えてあげるといいでしょう。

- **There's no point in going on about it now.** （もうそのことはやめよう）
  直訳は「その件を続けて話すのに、もう意味はないよ」。
- **It's no use crying over spilt milk.** （もう終わったことだから）
  「覆水盆に返らず」の英訳版としてよく知られている表現ですね。「終わったことを話しても仕方ないよ、だからもうやめよう」という意味。
- **Let's let bygones be bygones.** （過ぎ去ったことだよ）
  bygones は「過ぎ去ったこと；過去のこと」。「過ぎ去ったことは、過ぎ去ったこととしよう」が直訳。

- **Let's put the past behind us.**（過去はもう忘れよう）
  直訳すると、「過去はわれわれの後ろに置いてしまおう」となります。「過去のことは水に流そう」と伝える言い方。
- **Let's put this behind us and move on.**（忘れて、前に進もうよ）
  上の表現のバリエーション。move on は「先へと進んでいく」。

❸「わざとじゃないってわかってる」と伝えよう！

I know you didn't mean it.（わざとではないのはわかっているよ）
相手が悪意でやったことではないとわかっているから大丈夫、と伝える言い方もいくつか紹介しておきます。mean it は「そうするつもり」。「そういうつもりだったのではないと知っている」が直訳。「悪意だったのではないとわかっているよ」ということ。

- **I know you didn't do it on purpose.**（わざとじゃないのはわかってるよ）
  on purpose は「わざと；意図的に」。
- **It was an honest mistake.**（うっかりやったことでしょ）
  honest mistake は「うっかりやってしまった失敗」。「うっかりミスなんだから、気にするな」という意味。
- **It was a mistake anybody could have made.**
  （だれでもやっちゃうかもしれないミスだよ）
  anybody could have made は仮定法。「だれもがしてしまった可能性がある」という意味。

❹「あまり自分を責めないで」と言おう！

Don't blame yourself.（自分を責めないで）
自分のしたことで相手が心を痛めているときには、こんな言い方で慰めてもいいでしょう。blame oneself は「自分を責める」という意味。

- **Don't beat yourself up about it.**（そのことで自分を責めないで）
  beat oneself up は「打ちのめす；傷つける」。
- **Don't be so hard on yourself.**（自分につらくあたらないで）
  be hard on ... は「…につらくあたる；きつくあたる」という意味。

❺「君は悪くない」と伝えよう！

It's not your fault.（君のせいじゃないよ）
fault は「過失；誤り；責任」。謝っている相手に、「君のせいじゃないんだから、心配するな」とひとことかけてあげる言い方です。

- **You shouldn't have to take the blame.**（君が責めを負うべきではないよ）
  take the blame は「責めを負う」。
- **You don't have to apologize.**（君が謝る必要はないよ）
  apologize は「謝罪する」という意味の動詞。
- **There's no need to apologize.**（謝る必要なんかぜんぜんないよ）
  need to apologize は「謝る必要」。

❻「謝っても、もう遅い」と責め立てる言葉！

Apologies won't fix anything.（謝ってももう遅いよ）
直訳は、「謝罪では、なにも修復できやしない」。もうお互いの関係は壊れてしまっているのだから、謝罪しても手遅れだ、と伝える厳しい言葉。こういう場面には出くわしたくありませんが、知識として覚えておきましょう。

- **The damage has already been done.**（もう遅いんだよ）
  damage は「破損；損害」。「破損はすでになされてしまった」が直訳。
- **Sorry is not enough.**（ごめんじゃすまないんだよ）
  「すみませんは十分ではない」が直訳。まだ怒りがおさまっていない場面で。

❼「貸しにしておく；今回だけだ」と答えよう！

You owe me one.（貸しにしておくから）
「あなたは私に借りがある」が直訳。今回のことは貸しにしておくから、と釘を刺す言い方。怒っている場面では、ちょっときつめに発音します。

- **I'll let it pass this time.**（今回は見逃すけど）
  let it pass は「大目に見る；見逃す」。仕方ないから、今回は勘弁してやる、だけど、次はそうはいかないぞ、という気持ちが残っているときの言い回しです。

UNIT 08

「順調にいってる?」へのお返事!

勉強や仕事など、なにかの進み具合や感触などをたずねられたときのお返事のバリエーションをチェックしましょう。「順調」、あるいは「そうでもない」といった返事に加え、「ちょっとだらけてきているかも」など、ちょっと感想めいた答え方もありますよ。

ここで覚えるお返事!

❶ So far so good.（いまのところ、順調）
❷ I'm managing somehow.（なんとかやっているよ）
❸ Not so good.（あまりよくないね）
❹ I'm not sure.（わかんないよ）
❺ It's more difficult than I expected it to be.
　（思っていたよりも難しいの）
❻ I still have a long way to go.（まだ、先は長いですよ）
❼ I've been lazy.（このところ、だらけてて）

ダイアログでチェックしてみよう!　CD 15

A: How are your English studies going?
B: **Not so good.**
A: Really? I think you've improved a lot.
B: You think so? Sometimes it's hard to tell if I'm getting better.

A: 英語の勉強はうまくいってる?
B: **あまりうまくいってないのよね。**
A: そうなの? けっこう上達してると思うけど。
B: そう思う? うまくなってるかどうか、自分ではわからないときもあるのよね。

いろいろなお返事を覚えよう！

CD 16

❶「うまくいっている」と伝えよう！

So far so good.（いまのところ、順調）
so far は「これまでのところ」、so good は「とてもいい」。「ここまでは、万事順調」と言いたいときに使いましょう。

- **Things are going really well.**（すごくうまくいってるよ）
  things は「いろいろな物事」のこと。go well は「うまくいく」という意味のフレーズです。

- **I've been making a lot of progress recently.**
  （最近、すごく進歩してるよ）
  物事がどんどんうまくいっているときには、この言い方で。a lot of progress は「多くの進歩；進展」のこと。

❷「なんとかやっている」というお返事！

I'm managing somehow.（なんとかやっているよ）
ギリギリでなんとかなっている、こなしている、と言いたいときのバリエーションも覚えましょう。manage は「なんとか［どうにか］こなす」というニュアンスの動詞。somehow は「なんとかして」。

- **I suppose I'm making progress.**（進歩はしてると思うけど）
  suppose は「…と思う；推量する」。

- **I'm working on it.**（なんとかやっているよ）
  「取り組んでいる」「やっている」という意味。「なんとかがんばってやっているよ」というニュアンスが伝わります。

- **I'm trying my best.**（ベストは尽くしてるよ）
  「自分のベストを尽くそうとしている」が直訳。なかなか難しいけど、とにかく自分ではベストを尽くして行動している、といったニュアンスで使いましょう。

❸「うまくいっていない」と言おう！

Not so good.（あまりよくないね）
これは、ダイアログにも登場した言い方で、うまくいってないと伝える返事のひとつです。「それほどよくない」「あまりよくない」といった意味合いです。

● **To be honest, I don't feel like I'm making any progress.**
（正直、進歩してる気がしないの）
to be honest は「正直に言うと」、don't feel like ... は「…な気がしない」、make progress は「進歩する」。

● **I'm struggling to keep up.**（なんとか、もがいてるよ）
keep up は「なんとか（レベルなどを維持しつつ）ついていく」という意味合いのフレーズです。struggle は「もがく；奮闘する；悪戦苦闘する」という意味。

● **I'm fighting a losing battle.**（見込みないのにがんばってるよ）
ちょっと冗談まじりの自嘲的な響きのひとこと。自分にはその才能がないけど、いまのところどうにかこうにかやっている、といったニュアンス。

❹「よくわからない」というコメント！

I'm not sure.（わかんないよ）
自分としてははっきりわからない、判断がつかない、といった場面で使う言い回しです。not sure は「確かではない」、つまり「わからない」ということ。

● **I wish I could tell you.**（うまく言えたらいいんだけど）
どんな状態なのかうまく表現できないときに使えるもうひとつの表現。I wish I could ... は「…できればいいのに」という意味の仮定法表現。

● **Sometimes it's hard to tell if I'm getting better.**
（うまくなってるかどうか、自分ではわからないときもあるのよね）
if I'm getting better は「自分が向上しているかどうか」。自分があまり上達しているように感じないときに使います。

❺「思ったより大変だ」と言おう！
It's more difficult than I expected it to be.
（思っていたよりも難しいの）
物事が自分の想像以上に難しかったときに。more difficult than... は「…よりも難しい」、than I expected it to be は「私がそう予測していたよりも」。

- **It's more time-consuming than I thought it would be.**
  （思っていたより時間がかかるの）
  time-consuming は「時間がかかる；時間を消費する」の意。
- **It's a lot of work.**（すごく大変）
  時間もかかるし難しいし、というときには、まとめて、こんな言い方もできます。

❻「先は長いよ」と返そう！
I still have a long way to go.（まだ、先は長いですよ）
日本人も、難しいことにぶつかっている場面で、「まだまだ先は長いよ」と言います。その英語版がこれ。long way to go は「進むべき長い道のり」ということ。

- **It's a long road ahead.**（長い道のりですよ）
  ahead は「前方に」。まだ、目の前に長い道が横たわっているときに。
- **I have a long, hard fight ahead of me.**（前途多難です）
  long, hard fight とは、「長くて、厳しい戦い」。ahead of me は「私の前方に；前途に」。

❼「たるんできてる」と反省しよう！
I've been lazy.（このところ、だらけてて）
ちょっと疲れが出て、気持ちがたるんだり、やる気が出ていないときには、この表現を使ってみましょう。lazy は「だらけた；たるんだ」というニュアンス。

- **I've been slacking off.**（このところ、怠けちゃってるんです）
  slack off は「怠ける」。I've been neglecting my studies.（最近勉強をさぼってるの）、I've been too busy to study.（忙しすぎて、勉強できないんです）が類例。

UNIT 09

「具合は大丈夫?」へのお返事!

こちらの体調が悪そうなときに、相手が「大丈夫?」と声をかけてくれた場面でのお返事をチェックします。「大丈夫」「ちょっと気分が悪い」など、いろいろな状態を表現する言い回しを覚えておくことは、実際のコミュニケーションでも、とても大切です。

ここで覚えるお返事!

1. Sure, I'm OK.（もちろん、大丈夫だよ）
2. I'm just a little tired, that's all.（ちょっと疲れてるだけですから）
3. I feel a little nauseous.（ちょっと気持ち悪い）
4. Yeah, better than yesterday.（うん、昨日よりはいいよ）
5. I've had better days.（あまりよくないよ）
6. No, I'm not feeling so good.（いや、気分があまりよくないんです）

ダイアログでチェックしてみよう!

CD 17

A: You don't look so good. Are you feeling OK?
B: **Actually, I feel a little nauseous.**
A: Nauseous? Why?
B: I think I ate something bad.

A: 気分がよくなさそうね。大丈夫?
B: **実は、ちょっとむかむかしてるんだ。**
A: むかむかって、どうして?
B: なにか悪いものを食べたんだと思う。

いろいろなお返事を覚えよう！ CD 18

❶「大丈夫だよ」と安心させる返事！
Sure, I'm OK.（もちろん、大丈夫だよ）
Sure. は「うん」をきっぱり言うようなニュアンス。OK = okay は「大丈夫という意味ですね。相手を安心させるのに十分な表現ですね。

- **Yeah, I'm feeling fine.**（ええ、大丈夫ですよ）
  Yeah. は「うん；ええ」。Yes. よりも会話の中ではよく使われます。feel fine は「気分が悪くなく、すっきりしている」ということ。I feel fine. と表現しても OK です。

- **Actually, I feel great.**（実際、完璧に大丈夫です）
  actually は「実際は；実は」。「あなたは心配してくれてるけど、実際全然平気ですし、体調はすばらしいですよ」という含みの言い回しです。

❷「ちょっと疲れただけ」と伝える返事！
I'm just a little tired, that's all.
（ちょっと疲れてるだけですから）
just a little ... は「ほんの少し…」。that's all は「それだけです」「それだけで、それ以上のことはありません」という意味合い。

- **It's just a little fatigue, nothing serious.**
  （ちょっとした疲労で、たいしたことはないですよ）
  fatigue は「疲労」。nothing serious は「全然たいしたことではない」。

- **I was up late last night.**（昨夜、遅くまで起きていたもので）
  be up late は「遅くまで起きている；夜更かしする」という意味の熟語。

❸ いろいろな症状を伝える返事！
I feel a little nauseous.（ちょっと気持ち悪い）
ここでは、体調が悪いときの、いろいろな伝え方をチェックしておきましょう。
nauseous は「吐き気がする；気分が悪い」という意味の形容詞。

- **I have a splitting headache.**（頭がガンガンする）
  ひどい頭痛がするときには、この表現。splitting headache とは「割れるように痛む頭痛」のこと。
- **I have a fever.**（熱があるんです）
  fever は「熱」。体温がいつもより高いときにはこの表現。
- **I have heartburn.**（胸焼けしているんだ）
  heartburn は「胸焼け」のこと。「嫉妬」という意味で使われることもある単語です。
- **I have hay fever.**（花粉症なんです）
  hay fever は、直訳すると「干し草熱」となりますが、実は「花粉症」のこと。多くの日本人には必須の語句ですね。
- **I'm allergic to _____.**（…にアレルギーがあるんです）
  be allergic to ... で、「…に対してアレルギーがある」という意味。
- **I have a slight hangover.**（ちょっと二日酔いなんです）
  slight は「わずかな；かすかな」、hangover は「二日酔い」。もちろん、I drank too much last night.（昨日、飲みすぎちゃって）と言ってもいいですね。
- **I think I ate something bad.**（なにか悪いものを食べたっぽいんです）
  ダイアログにも出てきましたが、おなかが痛いときには、こんな言い方もできます。something bad は「なにか悪いもの」。
- **I think I'm coming down with a cold.**
  （風邪をひきかけているみたいなんです）
  come down with ... は「…の病気にかかる」という意味の熟語ですね。この cold は、「冷たい」ではなく、「風邪」の意味で使われています。
- **I think I caught a bug.**（風邪ひいちゃったみたいなんです）
  catch a bug も「風邪をひく」という意味。catch a cold でも同じです。bug はもともと「虫」という意味で、ここでは風邪のウイルスのことを指しています。
- **I've been under a lot of stress lately.**（最近ストレスが多くって）
  ストレスで疲れているときには、この言い方で返事をしましょう。under a lot of stress は「多くのストレスを受けて」。

❹「昨日よりはよくなってる」と返事がしたい！

Yeah, better than yesterday.（うん、昨日よりはいいよ）
数日体調が思わしくなかった人が使う返事。better than ... は「…より（状態が）よい」。I feel better today than I did yesterday. と表現することもできます。

- I was feeling a little sick yesterday, but I feel much better today.
   (昨日はちょっと悪かったけど、今日はずいぶんいいですよ)
   a little sick は「ちょっと気分が悪い」。much better は「（なにかと比べて）ずっとよい」。

❺「体調があまりよくないんだ」という返事！

I've had better days. （あまりよくないよ）
直訳は「さらにいい日が（過去には）あった」。つまり、「いまの体調はいいとは言えない」という意味。

- No, I think I've come down with something.
   (いや、なにかの病気にかかったみたいです)
   come down with ... は「（病気）にかかる」という意味。

❻「ひどい体調なんだ」という返事！

No, I'm not feeling so good. （いや、気分があまりよくないんです）
not feel so good は「あまり気分がよくない」の意。I'm not feeling so well. と言うネイティヴもいます。

- No, I feel like crap.
   (いや、最悪な気分)
   crap は「クソ」という意味のスラング。feel like crap は「クソみたいな気分」、つまり「（体調が）最悪の状態」ということ。

UNIT 10

「英語は話せますか?」へのお返事!

街中でネイティヴに声をかけられて、「英語は話せますか?」といった質問を受けることがありますね。「いやいや」などとよくわからない受け答えをするのではなく、もう少し具体的な返答ができるようになりましょう。

👍 ここで覚えるお返事!

❶ **Barely.**（かろうじてなんとか）
❷ **Not really.**（あんまり）
❸ **To some extent.**（ある程度は）
❹ **Not as well as I speak Japanese, but I manage.**
　（日本語ほどではないですが、なんとかこなせます）
❺ **Only when I have to.**（仕方なく必要なときだけは）

👍 ダイアログでチェックしてみよう! 　🔴 CD 19

A: Excuse me, do you speak English?
B: **To some extent.** Why do you ask?
A: Could you tell me where the train station is?
B: Sure, just go straight down this street …

A: すみません、英語は話せますか?
B: **ある程度は**。どうしてですか?
A: 駅がどこだか教えていただけますか?
B: もちろん、ただこの通りをまっすぐに行って…

いろいろなお返事を覚えよう！　　CD 20

❶「かろうじて」「ちょっとだけなら」と返そう！

Barely.（かろうじてなんとか）
barely は「ギリギリ；かろうじて」という感じ。なんとかわずかに、ギリギリ話せる程度、と伝える言い方。

- **Just enough to get by.**（なんとか）
  get by は「なんとかしのぐ」。「なんとかその場をしのげる程度なら話せるかも」といったニュアンスです。
- **A little bit.**（ほんのちょっとだけ）
  a little bit は「ほんの少し；わずかに」。
- **Kind of.**（なんとか、ちょっとだけ）
  「なんとなく」と言うより、「ちょっとだけ」というニュアンス。

❷「あまりできません」と言おう！

Not really.（あんまり）
「あまり話せない」と言うときの返事をチェックしましょう。通常は、この言い方と次の言い方ができればオッケー。

- **Not very much.**（あまりできません）
  直訳は、「あまりたくさんではない」、要するに、「あまり話せない」という意味になります。
- **I wish.**（できたらいいですね）
  自分にできないものができたらいいなと、希望する仮定法の表現。
- **If only (I could).**（できたらいいな）
  「もしできさえすれば…」が直訳。これも希望を述べる言い回しのひとつ。「できたらいいんですけど（できないんです）」という気持ちを伝えます。
- **I used to, but not anymore.**（以前は。でもいまはもうダメでして）
  used to ... は「かつては…したものだ」の意。not anymore は「もはや…ない」。

❸「まあまあ；ある程度は」と返事をしよう！

To some extent.（ある程度は）
extent は「範囲；限界」の意。「ある限界までなら話せますよ」「ある程度はできますよ」というニュアンス。

● **I suppose I do.**（話せると思います）
I do の do は「話す」という意味の代わりに使われている代動詞。

● **I manage.**（なんとかこなせます）
manage は「なんとかこなせる」といった意味合い。「なんとかある程度話せます」といったニュアンス。

● **It depends on who I'm speaking to.**（相手によりけりですね）
話す相手によっては、ボキャブラリーや表現が大きく異なるもの、場面や相手によっては難しいこともある、と言いたいときにはこの表現を使うといいですね。

● **I have to use English sometimes at work.**
（仕事ではときどき必要ですので）
このように「仕事で使わねばならない」と言えば、「ある程度は話せます」という意味合いを伝えることができますね。

● **I'm working on it.**（勉強中なんです）
ある程度はできるけど、まだがんばって勉強しているところ、といったニュアンス。

❹「…ほどではないけれど…」と言おう！

Not as well as I speak Japanese, but I manage.
（日本語ほどではないですが、なんとかこなせます）
not as well as ... は「…ほどではない」の意。

● **I can understand English much better than I can speak it.**
（話すよりも、理解するほうが得意です）
どうしても日本人は話すより聞くほうが得意です。自分もそのパターンの英語力だと伝えるお返事です。

● **I can read English, but I can't speak it.**
（読むことはできますが、話せません）
これも、日本人的な表現ですが、これが言えれば、ほんとうはけっこう話せるレベルに達しているはず。

❺ 冗談ぽく答えよう！

Only when I have to. （仕方なく必要なときだけは）

以下の表現は、いつも同じようなまじめな返事を聞かされているネイティヴにとっては、新鮮に思えるはず。冗談まじりの返事もいくつか身につけておきましょう。only when ... は「…のときだけは」と限定する言い方。have to は「…しなければならない」。

- **I can speak it, but no one can understand me.**
  （話せますけど、だれにも理解できません）
  「自分の英語はヘタクソだ」と冗談まじりに言う返事です。

- **Only when I'm drunk.** （酔ったときだけですね）
  be drunk は「酔っぱらった」。酔っぱらうと、どんどん英語が口から出る、という人も多いですね。そういう方に覚えてもらいたいひとこと。

- **It depends on what you mean by "speak".**
  （「スピーク」っていう言葉の意味にもよりますね）
  depend on ... は「…によりけりだ」という意味。what you mean by "speak" は「あなたが『スピーク』という言葉によって意味するもの」。

UNIT 11

「明日の予定は？」へのお返事!

「明日とか、なにをするの？」などと、予定をたずねられたときのお返事にも、通り一遍のものばかりでなく、いろいろなパターンが考えられますね。自分の状況によって、いろいろな返事が使い分けられるようになりましょう。

👍 ここで覚えるお返事!

❶ I don't have any plans.（予定はないですよ）
❷ Unfortunately, I have to work.（残念だけど、仕事があるんです）
❸ I have some stuff to do.（やることがあって）
❹ I'm hanging out with a couple friends.（友達、何人かと遊ぶんだ）
❺ I was thinking of going shopping in Shinjuku.
　（新宿にショッピングに行こうと思っていたんです）
❻ I'm not sure.（わかんないな）
❼ Other than wash my car, I'm free.（車を洗う以外は、空いてるよ）
❽ I don't know. Do you want to go somewhere?
　（わからないけど、どこかに行きたいの？）

👍 ダイアログでチェックしてみよう!　🔘 CD 21

A: What are you doing tomorrow?
B: **I'm not sure.** How about you?
A: I have to work in the morning, but other than that I'm free.
B: Do you want to get together?

A: 明日はなにをするの？
B: **さあ。**あなたはどうなの？
A: 午前中は仕事だけど、それ以外はフリーなんだ。
B: どこかで会わない？

👍 いろいろなお返事を覚えよう！　　🎧 CD 22

❶「予定はないよ」と答えるとき！

I don't have any plans. （予定はないですよ）
plan は、もちろん「予定」の意。「ひとつも予定は入っていない」という意味の言い回しです。

- **My schedule's wide open.** （スケジュール、バッチリ空いてます）
  wide open は「広く空いている」が直訳。予定はなにも入ってなくて自由になる、という意味。

- **Nothing in particular.** （特にないよ）
  in particular は「特に」。nothing は「なにもない」という意味。

❷「仕事しなくちゃ」と断るとき！

Unfortunately, I have to work.
（残念だけど、仕事しなきゃならないんだ）

予定を聞かれたけれど、仕事が入っている、という場合も多いもの。そういった場面でのお返事もチェックしておきましょう。unfortunately は「残念ながら」という意味。

- **I have to catch up on work.** （仕事の遅れを取り戻さなきゃ）
  catch up on ... は「…の遅れを取り戻す」という意味になるフレーズ。休日を利用して、なんとか仕事をもとどおりのペースに戻したい、という意味。

- **I need to get some work done.** （ちょっと片付ける仕事があって）
  get ... done は「…を終える：片付ける」の意。

❸「用事があるの」とあいまいに伝えたい！
I have some stuff to do.（やることがあって）
ちょっとした用があって、とぼかしながら断りを入れたいときもありますね。そういう場面での表現をチェックしておきましょう。some stuff はここでは「なんらかの要件」という意味。

- **I have some things that I have to take care of.**
  （ちょっとやることがあるんです）
  some things that I have to take care of は、「片付けなければならない物事」の意。that 以下は関係代名詞節。

- **I'm meeting someone in the city.**
  （街で人に会うことになってるんです）
  be meeting と進行形で近い未来を表しています。「人に会う」という漠然とした言い方を、meet someone と表現するところもおもしろいですね。

❹「友達と遊ぶ予定だ」と返事がしたい！
I'm hanging out with a couple friends.
（友達、何人かと遊ぶんだ）
友人と会うことになっている、という断り方は、日本人もよくしますね。紹介する表現をバッチリ覚えて、応用してみましょう。hang out with ... は「…といっしょに時間を過ごす；ぶらつく」といった意味。

- **I'm supposed to meet up with some friends.**
  （友達に会うことになってるんだ）
  be supposed to ... は「…することになっている」。meet up with ... は「…に会う」という意味。

- **I'm meeting a friend from college.**
  （学生時代の友人に会うことになってるんです）
  「だれか友達と遊ぶ」と言うとき、間違って play という動詞を使わないように注意しましょう。「会う」＝ meet や「いっしょにぶらつく」＝ hang out with ... などの言い方を使いましょう。

❺ 「…しようと思ってたんだ」と言おう！

I was thinking of going shopping in Shinjuku.
(新宿にショッピングに行こうと思っていたんです)
I was thinking of ... は「…することを考えていた」という意味。

- **I was thinking I should work on my web site.**
  (自分のWebサイトの作業をしなきゃと思ってたんです)
  上の表現の変形パターンです。I was thinking (that) ... で「…しようと考えていた」。
- **I was planning to stay home and watch some DVDs.**
  (家でDVDでも観ようかと思ってたの)
  plan は「計画する」という意味。

❻ 予定を決めてないとき、わからないときの返事！

I'm not sure. (わかんないな)
まだはっきりわからない、あるいは決めてない、あるいはなにかあっても覚えていない、といった状況で、漠然とした返事をする言い方。

- **I have to check my schedule.** (スケジュールをチェックしてみないと)
  自分のスケジュールがどうなっているか、チェックしてみないとよくわからないときに使いましょう。
- **I haven't thought about it yet.** (まだ考えてないんです)
  いまのいままで、予定のことなど考えてもみなかった、とのこと。要するに、予定はないということですね。

❼ 「…以外は特に予定はない」とお返事したい！

Other than wash my car, I'm free. (車を洗う以外は、空いてるよ)
other than ... は「…以外は」という意味。それ以外の時間には空きがあると言うときのシンプルな言い方です。

- I just have to do the laundry, but other than that, I don't have any plans.
 （洗濯しなきゃいけないけど、それ以外は予定はないの）
 前の表現の応用例です。最初にやらなければならないことを具体的に伝えています。
- Apart from a little housework, my schedule's open.
 （ちょっとした家事以外は、空いてます）
 apart from ... はこの場合、「…以外」という意味です。

❽「いっしょになにかする？」と誘ってみる！

I don't know. Do you want to go somewhere?
（わからないけど、どこかに行きたいの？）
相手の意向をたずねてみるお返事。このような会話の流れで意見が合えば、いっしょに出かけてもいいですね。

- I haven't decided. Do you want to get together?
 （まだ決めてないの。どこかで会おうか？）
 こちらは、どこかで待ち合わせしたいかどうかをたずねています。
- I was going to go shopping. Do you want to come along?
 （買い物に行く予定だけど、いっしょに行く？）
 自分の予定を知らせながら、相手を誘ってみるタイプのお返事。come along は「いっしょに来る；行く」。

UNIT 12

「いっしょに…しない?」へのお返事!

友達や同僚から「いっしょに…しない?」「…しよう」と誘われたときに、みなさんどう返事をしていますか? 日本語でも、「今日はちょっと」とか、「ちょっと用があって」といった言い回しがありますが、英語にも同じような表現が見つかります。

ここで覚えるお返事!

❶ **Sure, I'd love to.** (もちろん。いいですね)
❷ **Do you mind if I invite my friend?** (友達を誘ってもいいかな?)
❸ **Sorry, can I take a rain check?** (ごめん、また今度誘ってもらえるかな?)
❹ **Thanks for inviting me.** (誘ってくれてありがとう)
❺ **Do you know any good restaurants around here?**
　(この辺のいいレストランを知ってますか?)
❻ **Let me get back to you.** (あとで返事をするわ)

ダイアログでチェックしてみよう!　　CD 23

A: Are you working late today?
B: No, not too late. I should be able to get off around six-thirty.
A: Do you want to grab a bite to eat?
B: **I'm sorry, can I take a rain check?** I'm meeting a friend tonight.
A: Sure, no problem.

A: 今日は仕事、遅くなるの?
B: それほど遅くはないわ。6時半頃には仕事から離れられるはずよ。
A: ちょっと軽く食べにいかない?
B: **ごめん、今度にしてもらえるかな。** 今夜は友人に会う予定なの。
A: もちろん。問題ないよ。

いろいろなお返事を覚えよう！

CD 24

❶「はい、よろこんで」と元気に言おう！

Sure, I'd love to.（もちろん。いいですね）

よろこんで相手の誘いを受けるときの定番表現。ていねいな言い方なのでビジネスにも使えます。

- **Yes I would, thank you.**（ええ、そうね。ありがとう）
  これも、ていねいに相手の誘いに乗るときのフレーズのひとつ。いっしょに感謝の言葉も添えていますね。このほか、感謝の言葉は、❹ も参考にしてください。

- **That sounds like fun!**（楽しそう！）
  sound like ... は「…のように響く」。相手の誘いが楽しそうだ、と受け入れるときの言い回しです。

- **That's a good idea!**（いいわね）
  直訳は、「それは、いい考えだ」。相手の提案に賛成して、受け入れるひとことです。

❷「友達を呼んでいい？」とたずねてみよう！

Do you mind if I invite my friend?
（友達を誘ってもいいかな？）

なんらかの理由で、友人もいっしょに誘いたいときには、ここで紹介する言い方をしましょう。Do you mind if ... は「…してもいいですか；…しても気になりませんか？」という意味の質問です。

- **Can I bring my friend along?**（友達もいっしょでいい？）
  bring my friend along は「友人をいっしょに連れてくる」という意味。

- **Can Jill come?**（ジルも来ていい？）
  もっともシンプルに「…も来ていい？」とたずねるときの表現。Jill の代わりに呼びたい友人の名前を入れて話しましょう。

❸「ちょっと予定があるんだ」と断る返事!
Sorry, can I take a rain check?
(ごめん、また今度誘ってもらえるかな?)
rain check は「雨の日整理券」が直訳。試合の雨天順延券や、売り切れた商品の後日購入券のこと。「雨の日整理券をもらえるかな?」と言えば、「今度誘ってもらえるかな?」という意味になるのです。

- **I'd love to, but I made plans.**(そうしたいけど、予定があるの)
  ちょっと要件があって誘いに乗れないことも多いもの。そんなときには、相手の気持ちを害さない工夫をしましょう。この表現では、I'd love to, but …(そうしたいのですが…)と、やんわりと断りを切り出しています。

- **I wish I could, but I have some things to take care of.**
  (できればそうしたいけど、やらなきゃならないことがあるの)
  I wish I could は「できることならば、そうしたい」。something to take care of は、「面倒をみなければならない物事」の意。

- **That sounds like fun, but I have to work late tonight.**
  (楽しそうだけど、今夜は遅くまで仕事なの)
  「楽しそうだけど」というひとことを前置きにして、物腰をやわらげています。

- **Thanks for the invite [invitation], but I have to work.**
  (招待してくれてうれしいけど、仕事なの)
  この表現では、Thanks for the invite, but …(ご招待ありがたいけど…)というフレーズで緩衝剤にしていますね。

- **I'm sorry, I can't. I promised my wife I'd be home for dinner tonight.**
  (悪いけどダメなんだ。今夜は夕食を家で食べるって家内と約束したんだ)
  単純に「ごめん、行けないんだ」だけでは、感じが悪いので、断りのフレーズに加えて、理由をあとからつけ足しておきましょう。

❹「誘ってくれてありがとう」と感謝を添えよう!
Thanks for inviting me. (誘ってくれてありがとう)
誘いを受けるときも、受けないときも、誘ってくれた相手には、感謝の言葉を伝えたいですね。Thanks for … は「…ありがとう」。

● **Thanks for the invite.**（お誘いどうもね）
前の表現をシンプルにした言い方。invite は「お誘い；招待」という意味の名詞。

● **I really appreciate the invitation.**（お誘い、ほんとうにうれしいです）
これはていねいに誘いへの感謝の気持ちを伝える言い方。ビジネスでも使うことができます。

❺「どこかいいところ知っている？」と聞き返そう！

Do you know any good restaurants around here?
（この辺のいいレストランを知ってますか？）
相手に誘われたら、どこへ行こうと思っているのかたずねてもいいですね。その上で、相手の返事に対して、自分の好悪を言うといいでしょう。

● **Do you have a specific place in mind?**（どこか場所を考えてるの？）
specific place は「具体的な場所」、in mind は「心の中に」。

● **What exactly do you have in mind?**（具体的にはどこに行きたいの？）
exactly は「厳密には」という意味の副詞。これも相手がどこに行きたいのかを確かめるときのお返事です。

❻ 返事を待ってもらうときには？

Let me get back to you.（あとで返事をするわ）
get back to you は、「あとであなたに連絡し直す」という意味で使える言い回しです。いまは答えられないから、ちょっと待って、といったニュアンスで言いましょう。

● **Can I get back to you on that?**（その件、ちょっと待ってもらえる？）
on that は「それに関しては」。

● **Hold on, let me check my schedule.**
（ちょっと待って、スケジュール見てみるから）
hold on は「そのまま待つ」という意味です。

UNIT 13

「これからどうする?」へのお返事!

だれかといっしょに遊んでいるとき、あるいはデートしているときなど、「これからどうする?」「なにする?」「…するのはどう?」などとたずねられたときの答え方を覚えて、自分の意見をどんどん言えるようにしましょう!

👍 ここで覚えるお返事!

❶ How does _____ sound?（…はどう?）
❷ Anything is fine with me.（なんでもいいですよ）
❸ It's up to you.（君に任せるよ）
❹ Do you have any good ideas?（いいアイデアはある?）
❺ Let's do something different.（ちょっと変わったことをしようよ）
❻ I'm not really in the mood for anything.
（実は、なにもしたくない気分なんだ）

👍 ダイアログでチェックしてみよう! 　●CD 25

A: So, what do you feel like doing?
B: **How does karaoke sound?**
A: I don't know. I'm not in the mood for karaoke.
B: Do you have any better ideas?
A: **Let's try something different. What do you think of bowling?**

A: で、なにがしたい気分なの?
B: **カラオケはどうかな?**
A: さあ。カラオケの気分じゃないかな。
B: いいアイデアはある?
A: **なにかもっと違ったことをしてみようよ。ボーリングとかどう?**

いろいろなお返事を覚えよう！　　CD 26

❶「…するのはどう？」と提案してみよう！

How does ＿＿＿ sound?（…はどう？）

直訳すると、「…はどう響く？」となります。これも相手の意向、気持ちをたずねるときによく使う言い方です。

- **I was thinking we could try ＿＿＿.**
  （…してみてもいいかなって考えてたんだ）
  we could try … は「…してみてもいいかな」といったニュアンス。try の後ろには、going bowling（ボーリングに行く）、the new club on 5th street（5番街の新しいクラブ）といったフレーズを入れてみましょう。

- **Would you be interested in ＿＿＿?**（…には興味ありますか？）
  be interested in … は、「…に興味がある」。この in の後ろにも、上の表現と同じようなフレーズを入れることができます（次の2表現も同じ）。

- **Would you be up for ＿＿＿?**（…には乗り気がする？）
  be up for … で「…する気がする」「…に乗り気だ」という意味。

- **What do you think of ＿＿＿?**（…はどう？）
  「…についてどう思う？」が直訳です。

- **Why don't we ＿＿＿?**（…するのはどう？）
  Why don't we …? は「私たちで…するのはどう？」とたずねる疑問文。後ろには動詞で始まる表現を入れます。例えば、Why don't we go get something to eat?（なにか食べにいくのはどう？）のように言ってみましょう。

❷「なんでもいいよ」と答えたい！

Anything is fine with me.（なんでもいいですよ）

anything は「なんでも；どんなものでも」。… is fine with me は「私は…でかまいません」という意味ですね。特にやりたいことがなくて、相手に合わせられるときに使いましょう。

- **I'm up for anything.**（なんでもオッケー）
  be up for … は「…にやる気がある；乗り気である」という意味。君の提案だったら、

なんでも乗り気だよ、といったニュアンスで言いましょう。

- **I'm game.** （なんでもオッケー）
  game は「乗り気だ」といった意味で使われています。I'm up for anything. と同じ意味合いで使える言い回しです。

❸「任せるよ」と言おう！

It's up to you. （君に任せるよ）
up to ... は「…次第だ」という意味。全体では「あなた次第です」となりますが、「あなたに任せますよ」というニュアンスです。

- **I'll let you decide.** （決めてよ）
  直訳は「あなたに決定させます」。これも相手に決定をゆだねる表現のひとつです。
- **It's your call.** （君次第だよ）
  call は「判断」という意味。「君の判断次第」、つまり、「君次第だよ」ということですね。

❹「なにかいい案ある？」とたずね返してみよう！

Do you have any good ideas?
（いいアイデアはある？）
自分でいい案が浮かばなければ、この表現のように逆に相手のアイデアを引き出す言い方をするのもいいですね。

- **Do you have anything in mind?** （なにか考えてるの？）
  「心の中になにかをもっているの？」が直訳。これも相手の考えをたずねる言い方。
- **What do you want to do?** （「あなた」はなにがしたいの？）
  「『あなた』はなにがしたいの？」と「あなた」を強調するために、英語でも you を強く読みましょう。

❺「なにか違うことをしようよ」と提案しよう！
Let's try/do something different.
（ちょっと変わったことをしようよ）

something different は「（いつもとは）違うなにか」の意。ちょっと変わったことがしたい気分のときに使いましょう。

- **Let's be adventurous.**（なにかちょっと冒険してみようよ）
  adventurous は「冒険心に満ちた；冒険好きな」という意味の形容詞です。ちょっとワクワクする冒険がしたい気分なら、この表現で。
- **Let's ＿＿, for a change.**（気分を変えるために…しようよ）
  for a change は「気分を変えるために；気分転換に」。Let's の後ろには、go out（外出する）など、動詞で始まるフレーズを入れましょう。

❻「なにもしたくないんだ」と伝えよう！
I'm not really in the mood for anything.
（実は、なにもしたくない気分なんだ）

あまりなにもしたくない、という気分のときもありますね。そういうときには、ここで紹介する表現を使いましょう。be in the mood for … は「…する気分」。

- **I don't feel like going out today.**（今日は出かけたくないんだ）
  not feel like … は「…したい気分ではない」。
- **I'd rather not do anything today.**（今日はなにもしたくないんだ）
  rather は「むしろ」。「今日は、むしろなにもしないほうがいい」が全体の直訳です。

UNIT 14

「なにが食べたい?」へのお返事!

今度は、「なにが食べたい?」とたずねられた場面でのお返事を覚えましょう。「…がいいな」とか、「なんでもいいですよ」以外にも、「…以外ならなんでも」「あまり食欲がない」なんていう返事も登場します。

ここで覚えるお返事!

❶ I could go for some Italian food. (イタリアンが食べたいかな)
❷ Anything is fine with me. (私はなんでもいいわ)
❸ Anything as long as it's not greasy. (脂っこくなければなんでも)
❹ Let's try something different. (なにか違うものにしよう)
❺ Something inexpensive. (高くないものがいいな)
❻ Actually, I'm not that hungry right now.
(実、いま、そんなにおなかが空いてなくて)
❼ Would you be interested in _____? (…には興味ある?)
❽ Do you know any good places around here?
(この辺でいいところ知ってる?)
❾ I know a good Indian restaurant near here.
(この近くで、おいしいインド料理の店を知っているよ)

ダイアログでチェックしてみよう!

CD 27

A: I'm starving, how about you?
B: Me, too. Let's go get something to eat.
A: What do you feel like eating?
B: **Anything's fine with me. I'm not picky.**

A: おなかぺこぺこだよ。君は?
B: 私も。なにか食べに行きましょう。
A: なにが食べたい気分?
B: **なんでもいいわ。好き嫌いがないから。**

いろいろなお返事を覚えよう！ 🎧 CD 28

❶「…がいいな」と返事をしよう！

I could go for some Italian food. （イタリアンが食べたいかな）

could go for ... で「…が欲しいな；食べたいな；したいな」というニュアンスが で出せます。

- **Something _____ would be good.** （…なものがいいな）

  下線部には、spicy（辛い；スパイスのきいた）、easy on the stomach（おなかに やさしい）、that isn't too filling（あまりおなかにたまらない）などを入れてみましょう。

- **I have a soft spot for _____ .** （私、…に弱いのよね）

  soft spot は「弱いところ」。have a soft spot for ... なら、「…に弱い」という日本 語と同じようなニュアンスになりますよ。
  - I have a soft spot for chocolate.（チョコレートには目がないのよ）
  - I have a soft spot for Cajun food.（ケイジャン料理には目がないんだ）
  - I have a soft spot for Indian curry.（インドカレーには弱いの）

- **I haven't had Indonesian food in a while.**
  （しばらくインドネシア料理を食べてないかな）

  しばらく食べてないものに言及することで、食べたいものを伝える言い方です。in a while は「ここのところ」といった感じ。

❷「なんでもいいよ」と言ってみよう！

Anything is fine with me. （私はなんでもいいわ）

fine with me は「私はかまわない」という意味。特に食べたいものにこだわりが ないときに使ってください。

- **I can eat anything.** （なんでも食べられますよ）

  「なんでも食べられるから、なんでもかまわないよ」というニュアンス。

- **I'm not picky.** （好き嫌いはないよ）

  picky は「（食べ物などの）好みにうるさい」という意味の形容詞です。

- I'm not fussy. （好き嫌いはないんです）

  fussy も、ひとつ前の picky と同じニュアンスで使われています。fussy は「気難しい：選り好みをする」の意。

---

❸「…以外はなんでもいいよ」と伝えよう！
Anything as long as it's not greasy.
（脂っこくなければなんでもいいわ）

避けたいものがちょっとだけあるときは、「…じゃなければ、なんでもいいよ」と限定つきで言いましょう。as long as it's not ... は「…でない限りは」。

- Anything besides fast food. （ファストフード以外ならなんでもいいよ）

  ここでの besides ... は「…を除けば」という意味です。

- I could go for anything except Japanese food.

  （日本料理以外ならなんでもいいわ）

  except ... も、「…を除いては」という意味で使える言い方です。

---

❹「いつもと違うのがいい」と提案しよう！
Let's try something different. （なにか違うものにしよう）

something different は「なにか（いつもとは）違うもの」という意味。ここでは食べ物のことを言っています。

- Let's go somewhere we've never been before.

  （行ったことがないところに行きましょう）

  we've never been before は「私たちが以前行ったことがない」。

- How about Mexican food, for a change?

  （気分を変えて、メキシコ料理はどう？）

  How about ...? は「…はどう？」と提案するときに使える表現のひとつですね。for a change は「気分転換に：気分を変えるために」という意味。

❺「安いものがいい」ときっぱり!

Something inexpensive.（高くないものがいいな）
とにかく値段の安いものがいい、という方は、こちらをどうぞ。inexpensive は「高価でない」。

- **Anything as long as it's not too expensive.**
  （高すぎなければなんでもいいよ）
  as long as ... は「…である限り（において）」。「あまりにも高価でない限りにおいて、なんでもいい」ということです。

- **Anything as long as it's reasonably priced.**
  （常識的な値段ならなんでもいいわ）
  reasonably priced は「道理にかなって、常識的に値段がつけられた」という意味。

❻「実はあまり食欲がない」と断ろう!

Actually, I'm not that hungry right now.
（実、いま、そんなにおなかが空いてなくて）
誘われたけど、あまり食欲がない、という場面もあります。そういうときのために、これらの表現を用意しておきましょう。not that hungry は「それほど空腹ではない」の意。

- **Actually, I don't feel like eating now.**
  （実は、いまは食べる気がしないの）
  don't feel like ... で「…する気分ではない」。

- **Actually, I don't have much of an appetite.**
  （実は、あまり食欲がないのです）
  don't have much of an appetite は「あまり食欲がない」。

❼「…はどう？」と提案したい！
Would you be interested in ＿＿＿?
（…には興味ある？）

「…はどう？」と案を示しながら相手の希望を聞き出す言い方もあります。下線部には、fast food（ファストフード）、traditional Japanese food（伝統的な和食）などを入れて使いましょう。

- **Would you be up for ＿＿＿?**（…はどう？）
  be up for ... は「…に乗り気；賛成」の意。下線部には、Thai food（タイ料理）、something spicy（なにか辛いもの）、something vegetarian（ベジタリアンな料理）などを入れましょう。

- **What do you think of ＿＿＿?**（…はどう？）
  「…はどう思う？」が直訳。下線部には、Indian curry（インドカレー）、seafood（シーフード）などを入れて使ってみましょう。

- **How does ＿＿＿ sound?**（…はどう？）
  「…はどう響く？」が直訳。下線に入れる単語例としては、sushi（スシ）、Korean-style grilled meat（韓国風焼き肉）、Mediterranean food（地中海料理）など。

❽「どこかいいところを知らない？」とたずね返そう！
Do you know any good places around here?
（この辺でいいところ知ってる？）

相手がいい店を知っているかも、という期待を込めて、日本語でもこんなふうに言うことはありますね。good places は「いいお店」、around here は「この周囲で」。

- **Do you have any suggestions?**（提案はある？）
  こんなふうに、suggestion（提案）という語を使って、シンプルに聞いてみてもいいでしょう。

- **Got any ideas?**（いいアイデアある？）
  Have you got any ideas? が省略されたもの。ややくだけた感じになりますが、この言い方も使えます。

❾「いいところ知っているよ」と返事をしよう！
I know a good Indian restaurant near here.
（この近くで、おいしいインド料理の店を知ってるよ）

今度は逆に、自分がいいところを知っているときの言い方です。

- **I know a restaurant that serves great ramen.**

    （すごくおいしいラーメンを出す店を知ってるよ）

    restaurant を that 以降の関係代名詞節（主格）で修飾していますね。関係代名詞は、やや取っつきにくいですが、一度覚えてしまえば、いろいろと応用がききます。

- **There's a delicious Turkish restaurant near here.**

    （このあたりに、おいしいトルコ料理の店があるよ）

    中学1年で覚えた、There's ...（…があります）という言い方。日常会話でも、存分に活用しましょう。

- **If you don't mind Italian, I know a good place.**

    （イタリア料理がいやじゃなければ、いいところを知ってますよ）

    If you don't mind ... で「…が気にならなければ」という意味。

UNIT 15

「料理の味はどう？」へのお返事！

みなさん、食事の途中で感想を聞かれたときに、上手に返事をしていますか？「おいしい」「まあまあ」のほかにも、「…みたいな味」、あるいは「まずい」など、いろいろなコメントで返事をしてみましょう。

ここで覚えるお返事！

❶ It's delicious!（おいしい！）
❷ It's not bad.（悪くないよ）
❸ It's missing something.（ひと味足りないね）
❹ It tastes better than I thought it would.
（思っていたよりもおいしいね）
❺ It tastes homemade.（手作り［家庭］の味がするね）
❻ Do you have the recipe?（レシピはある？）
❼ I've never tasted anything like this before.
（これまで、こんな感じのものは、味わったことがないわ）
❽ No, it's pretty bad.（うー、これはかなりまずい）

ダイアログでチェックしてみよう！　CD 29

A: How is it? Does it taste good?
B: **It's delicious!** Did you make it yourself?
A: Are you kidding? I bought it at the department store.
B: Really? **It tastes homemade.**

A: どう？ おいしい？
B: **おいしいよ！** 自分で作ったの？
A: まさか！ デパートで買ってきたのよ。
B: そうなの？ **家庭の味がするよ。**

🖒 いろいろなお返事を覚えよう！　　🔘 CD 30

❶「おいしい！」と元気に返事をする！

It's delicious!（おいしい！）
delicious は「おいしさ」を言い表すときの定番中の定番のひとこと。Delicious!（おいしい！）とだけ言ってもオッケーです。

- **It tastes great!**（おいしい！）
  taste は「…な味がする」という意味の動詞。taste great だと「すごくおいしい味がする」という意味ですね。

- **It's yummy.**（おいしい！）
  yummy は delicious をちょっとかわいらしくしたような単語です。どちらかというと、子供や女性のほうがよく使います。

- **It's fantastic!**（すばらしい！）
  fantastic は「すばらしい」という意味。料理の味以外でも、なにかをほめるときにいつでも使うことができるほめ言葉のひとつです。

- **It's surprisingly good.**（驚くほどおいしいね）
  surprisingly は「驚くほど」。

❷「悪くない；まあまあだ」と答える！

It's not bad.
（悪くないよ）
元気に言うと、「悪くない」=「まあ、おいしい」というニュアンスになります。ただし、ネガティヴな調子で言うと、「まずくはなく、まあまあ」という意味合いに取られることもあるので注意してください。

- **It's so-so.**（まあまあかな）
  so-so は、日本語の「まあまあ」と同じニュアンスで使えます。

- **It's passable.**（まあまあだね）
  passable は「通過できる」、つまり、「なんとかまずまず」という意味。

❸「味がいまひとつ」と言いたい！
It's missing something.（ひと味足りないね）
日本語でも、「なんだかひと味足りない」「なにかが足りない」ということはよくあります。英語の同様の表現を覚えましょう。miss は「…がない；…がなくてさみしい」という意味の動詞。

- **It could use a little more salt.**
  （もうちょっと、塩を加えたほうがいいね）
  could use ... は「…があったほうがいいね」という意味で、こうだったらもうちょっとよくなる、と言いたい場面で使います。a little more ... は「もう少し多めの…」。
- **It's doesn't have enough flavor.**（味が足りないね）
  flavor は「味」のこと。
- **It's not my cup of tea.**（私の好みではないわ）
  one's cup of tea は「…の好み」。
- **It's too ＿＿＿.**（味が…すぎる）
  今度はなにかがちょっと過剰な場合のいい方です。下線部には、rich「こってり」、bland「無味な；味が薄い」、salty「塩辛い」などの単語を入れて言いましょう。
- **It's too sweet for my taste.**（私には、ちょっと甘すぎる）
  too ... は「…すぎる」の意。「自分にとっては味が…だ」と言うときに、この too ... for my taste を使いましょう。taste は「味覚」。

❹「想像以上においしい」と言おう！
It tastes better than I thought it would.
（思っていたよりもおいしいね）
「思っていたよりも…だ」という言い方も、会話を弾ませるお返事のバリエーションになります。「そうだろうと、私が思っていたよりもおいしい」が直訳。

- **It tastes better than it looks.**（見た目よりもおいしいね）
  外見からはそうは思えなかったのに、食べてみたらおいしい。そういう場面で使いましょう。

❺「…みたいな味だね」と感想を述べてみる！

It tastes homemade. （手作り[家庭]の味がするね）
料理の味を、なにかにたとえながら表現する言い方も覚えましょう。homemade は「お手製の；自家製の」。

- **It tastes like home cooking.** （家庭料理っぽい味ね）
  上の表現の別バージョンです。like home cooking で「家庭料理みたいに」という意味。

- **It tastes like chicken.** （鶏肉みたいな味がするね）
  こちらは、別の食べ物の味にたとえてみた言い方です。

❻「作り方教えて」と頼んでみよう！

Do you have the recipe? （レシピはある？）
お手製のものが「おいしい」と思ったときには、「レシピを教えて！」という返事をすると、ネイティヴはとてもよろこびます。

- **Can I have the recipe?** （レシピをもらえる？）
  上の表現のバリエーションです。How did you make this?（これ、どうやって作ったの？）のような言い方もできますよ。

❼「はじめての味だ」とちょっとビックリする！

I've never tasted anything like this before.
（これまで、こんな感じのものは、味わったことがないわ）
「はじめて経験する味！」というお返事です。この taste は「味わう」という意味の動詞。

- **It's an unfamiliar taste.** （なじみのない味ね）
  unfamiliar は、「自分になじみのない」というニュアンス。これも、似たようなものを味わったことがないときに使えるお返事のひとつです。

- **It has a peculiar taste.** （くせのある味だね）
  peculiar taste は「一風変わった独特の味」のこと。ちょっと「癖のある味」がする

ものについてコメントする場面で使ってみましょう。

❽「まずい！」と、けなしてみる！
No, it's pretty bad.（うー、これはかなりまずい）
ほめられたものではなく、まずい、と返事をしたいときもありますね。時と場合に注意して使ってください。

- **It tastes awful.**（ひどい味）
  awful は「ひどい」。taste awful は「ひどい味がする」という言い方。
- **Yuck.**（おえっ）
  気持ち悪いもの、まずいものなどにコメントするときの言い回し。ちょっと子供っぽい響きがあるので、ちゃんとした場面での使用は避けましょう。

UNIT 16

「楽しんでる?」へのお返事!

パーティーや遊びに出かけた先などで、楽しいことをしているときによく聞かれる質問ですね。「すごく楽しんでるよ！」という返事のほかにも、「もうちょっと慣れるのに時間がかかる」「ちょっと…は苦手かも」などのお返事を覚えておくといいですね。

👍 ここで覚えるお返事!

❶ I'm having a great time.（すごく楽しい）
❷ I'm working on it.（まだ場の雰囲気になじんでるところよ）
❸ Actually, I'm not that crazy about ＿＿＿.
　（実は…はそれほど好きじゃないの）
❹ I'm just taking it easy, thanks.
　（ゆっくりしてるから、ありがとう）
❺ You've outdone yourself.（よくやったね）

👍 ダイアログでチェックしてみよう!

A: Welcome to our party!
B: Thanks for inviting me.
A: Are you enjoying yourself?
B: **Yeah, I'm having a great time.**

A: パーティーへようこそ！
B: 呼んでくれて、ありがとう。
A: 楽しんでる？
B: **ええ、すごく楽しいわ。**

👍 いろいろなお返事を覚えよう！　　CD 32

---

❶「(最高に) 楽しい！」と答えよう！

I'm having a great time. (すごく楽しい)
a great time (すばらしい時間) を過ごしている、という言い方。この手の返事の定番です。

- **I've never had so much fun in all my life!**
  (こんなに楽しいのは、生まれてはじめて！)
  ちょっと大げさですが、ものすごく楽しい気持ちは伝わります。have never had ... は「これまでに…を経験したことがない」という意味。

- **I'm having a wonderful time.** (すばらしい時間を過ごしています)
  ていねいな響きのお返事。wonderful time で「すばらしい時間」。

- **I'm having a ball.** (楽しんでるよ)
  have a ball で「楽しく過ごす；愉快にやる」という意味の熟語です。

- **It's a blast.** (超、楽しいね)
  くだけた響きの表現。blast はもともと「爆風」という意味。転じて「ものすごく楽しいこと」という意味で使われています。

- **It's a lot of fun.** (とても楽しいです)
  a lot of fun は「多くの楽しみ」。

- **This party rocks.** (このパーティー、最高だね)
  rock は若者がよく使うスラングで、最高にノリのいいものなどに言及するときに使います。rock のもともとの意味は「心を揺さぶる；心をつかむ」。

---

❷「まだ雰囲気に慣れてるところ」と言おう！

I'm working on it. (まだ場の雰囲気になじんでるところよ)
直訳は「まだ取り組んでいるところ」。まだ、その場の雰囲気になじめていないときには、ここで紹介するような言い回しも便利です。

- **I'm still getting warmed up.** (まだウォームアップ中よ)
  スポーツなどでもからだを温めてから競技に入りますが、まだその最中だ、という言い方。

- **I'm not quite in the mood yet.**（まだ雰囲気になじんでないの）
  この場合の in the mood は「雰囲気に入り込む；なじむ」という意味。
- **I'm still a little overwhelmed.**（まだちょっと圧倒されてて）
  overwhelmed は「圧倒されて」。まだ、場の雰囲気に圧倒されて、なにがなんだか、というときに使いましょう。

❸「実は…が苦手なの」というお返事！

Actually, I'm not that crazy about ＿＿＿.
（実は…はそれほど好きじゃないの）
遊びにきてはいるけど、実はそれがちょっと苦手、ということもままあります。そんなときにこの言い方を使ってみましょう。not that crazy about … は「…にそれほど夢中ではない；関心がない」。下線部には parties（パーティー）などを入れましょう。

- **I'm not big on ＿＿＿.**（…はちょっと苦手で）
  not big on … は「…がそんなに好きではない」。下線部分は、parties のほか、baseball（野球）、dancing（ダンス）、karaoke（カラオケ）などで応用しましょう。
- **＿＿＿ aren't my cup of tea.**（…は、ちょっと趣味じゃなくて）
  この下線部にも、parties などを入れて使いましょう。my cup of tea は「私の好み；趣味」の意。
- **I'm not used to these kinds of situations.**
  （こういうの、慣れていなくって）
  パーティーなど、自分が慣れていない場所で、違和感を感じているときに使いましょう。be not used to … で「…に慣れていない」。

❹「ゆっくりしている（ので気にしないで）」と、さりげなく！

I'm just taking it easy, thanks.（ゆっくりしてるから、ありがとう）
無理せず、自分のペースでゆっくり楽しんでいるから、心配ないよ、といったニュアンスのお返事をいくつか覚えましょう。

- **I'm just doing my own thing.**（自分のペースでやってるわ）
  これも、自分のペースでのんびり楽しんでる、というニュアンス。
- **I'm OK, don't worry about me.**（私は大丈夫。心配しないでね）
  OK=okay は「大丈夫」という意味。心配してくれた相手を安心させるお返事です。

❺「すばらしい（演出）ね」とほめてみよう！

You've outdone yourself.（よくやったね）
outdo oneself は「自分自身の記録を塗り替える」がもともとの意味。実際には、「よくやったね」という気持ちで使います。ここでは相手が企画したパーティーなどのすばらしさをほめる言い方として使っていますね。

- **You've done a splendid job.**（すばらしいわ）
  splendid job は「すばらしい仕事」。これもパーティーなどをほめる言い方のひとつです。
- **This was a wonderful idea.**（すばらしいアイデアね）
  この表現で、とてもおもしろい企画のパーティーなどをほめるといいですね。

UNIT 17

「超、笑えるよね!」へのお返事!

テレビなどを観ているときに、「ほんとうに笑えるよね」とか「超、おかしいよね」「おもしろいよね」などと同意を求められたときの返事をチェックしてみましょう。「おもしろいよね!」とか「まあまあね」、あるいは「ちょっとやり過ぎじゃないかな」など、反応のバリエーションを身につけましょう。

ここで覚えるお返事!

❶ I've never laughed so hard in all my life!
（生まれてからあんなに笑ったことはないわ）
❷ It's pretty amusing.（けっこうおもしろいね）
❸ Yeah, I like his sense of humor.（うん、彼のユーモアセンスいいよね）
❹ He has a dark sense of humor.（ブラックなユーモアセンスがあるよね）
❺ Actually, I didn't get a lot of the jokes.
（実は、ジョークがあまり理解できなかったの）
❻ Actually, I don't see what's so funny about him.
（実際、彼のどこがおもしろいって言うのよ?）
❼ I think he goes too far sometimes.（彼、たまにやりすぎると思うわ）

ダイアログでチェックしてみよう！　CD 33

A: Did you see the latest Will Ferrell movie?
B: Yeah, I went to see it last weekend.
A: It's funny, isn't it?
B: Yeah, **I've never laughed so hard in all my life.**

A: ウィル・フェレルの映画の最新作は観た?
B: ええ、前の週末に観に行ったわ。
A: 笑えるよね!
B: うん。**生まれてから、あんなに笑ったことはないわね。**

「超、笑えるよね!」へのお返事!　79

いろいろなお返事を覚えよう！

● CD 34

❶「最高に笑える！」と返事をしよう！
I've never laughed so hard in all my life!
（生まれてからあんなに笑ったことはないわ）
ダイアログにも登場した言い方です。have never laughed so hard は「あれほど懸命に笑ったことはない」。自分自身、とても笑えた、と思ったときのお返事をピックアップしておきましょう。

- **It's hilarious.**（超、笑えるよ）
  hilarious は「ものすごく笑える」「超、おかしい」といった意味。日本人にはあまりなじみがありませんが、ネイティヴはとてもよく使います。
- **I laughed my head off.**（爆笑だったよ）
  laugh one's head off は「爆笑する：大笑いする」という意味の熟語です。
- **I laughed out loud.**（爆笑だった）
  laugh out loud も「爆笑する」の意。メールやチャットでは、LOL と省略して使われていますよ。

❷「まあまあおもしろいね」という返事！
It's pretty amusing.（けっこうおもしろいね）
まあおもしろい、割合におもしろい、と感じているときの言い方も見てみましょう。
pretty amusing は「けっこうおもしろい」。

- **It's entertaining.**（楽しいよね）
  entertaining は「楽しませる」という意味。
- **I wouldn't call it hilarious, but it was OK.**
  （爆笑ものではないけど、よかったんじゃないかな）
  I wouldn't call it ..., but ... は「私としては、…とは言わないけど…だ」の意。
- **It's not laugh-out-loud funny, but I enjoyed it.**
  （爆笑するおもしろさとは違うけど、楽しかったよ）
  laugh-out-loud funny は「爆笑もののおもしろさ」。

❸「ユーモアのセンスがいい」と言おう！

Yeah, I like his sense of humor.
(うん、彼のユーモアセンスいいよね)
sense of humor は「ユーモアのセンス」。

- **Yeah, he has a great sense of humor.**(いいユーモアセンスしてるよね)
  上のフレーズの類似表現。have a great sense of humor で「いいユーモアセンスをもっている」。
- **Yeah, I like his take on things.**(彼の物事に対する受け止め方が好きだ)
  この take は「(物事の)受け止め方」の意。対象となる人物のものの見方がおもしろい、と評するときに、使ってみましょう。

❹「彼のユーモアは…だね」と評してみよう！

He has a dark sense of humor.(ブラックなユーモアセンスがあるよね)
dark sense of humor は「ブラックなユーモアセンス」のこと。

- **He has a bizarre sense of humor.**(変わったユーモアセンスだよね)
  bizarre は「奇妙で風変わりな」という意味の形容詞。
- **He's so tasteless that it's funny.**
  (すごく趣味が悪いけど、そこがおもしろい)
  tasteless は「趣味が悪い；下品」の意。わざと差別的な言動で笑いを取ったりするような人を指して使います。

❺「私にはわかりにくい」と言おう！

Actually, I didn't get a lot of the jokes.
(実は、ジョークがあまり理解できなかったの)
特に日本人にはネイティヴのジョークはわかりにくいもの。そんなときには、ここで紹介する表現が便利ですね。

- Actually, many of the jokes went over my head.
  (実は、ほとんどのジョークがわかってないのよ)
  go over one's head は「頭の上を超えていく」、つまり「理解できない」ということ。
- American humor is hard for me to understand.
  (アメリカンジョークは、私には難しいわ)
  hard to understand は「理解が難しい」。

❻「なにがおもしろいのかわからない」と答えよう！
Actually, I don't see what's so funny about him.
(実際、彼のどこがおもしろいって言うのよ？)
今度は、わからないのではなく、おもしろいと思っていない場面での言い方。
what's so funny は「なにがそんなにおもしろいのか」。

- I don't understand why people think he's funny.
  (どうして、みんなが彼をおもしろいと言うのかわからない)
  why people think he's funny は「どうしてみんなが彼をおもしろいと思うのか」という意味です。
- Actually, I find his humor pretty tasteless.
  (実際、彼のユーモアって品がないのよ)
  tasteless は「趣味が悪い：下品」という意味。❹ も参照。
- What's so funny about him? (彼のどこがおもしろいの？)
  what's so funny は「なにがそんなにおもしろい？」という意味。

❼「たまにやりすぎるよね」というコメント！
I think he goes too far sometimes.
(彼、たまにやりすぎると思うわ)
go too far は「なにかをやりすぎる」という意味。冗談など、度を超してやってしまうとしらけたり、気分を悪くすることがありますね。そういうことをよくやる人へのコメントです。

- **Sometimes he goes overboard.** （たまにやりすぎるよね）
  go overboard は「度を超してやる：羽目を外してやる」という意味。これも「やり過ぎ」てしまう人へのコメントの一例です。ほかにも、Sometimes he pushes things too far.（彼、たまにやりすぎるわよね）なども同じニュアンスで使えます。

- **I think he swears too much.** （彼、汚い言葉を使いすぎよ）
  swear とは「口汚い言葉でののしる」という意味の動詞。汚い言葉とは、four-letter word（4文字の言葉）など、常識的な会話では使わないほうがいい言葉のことです。

UNIT 18

「この服どう?」へのお返事!

ショッピングの最中や出かける前の準備をしているときなど、「この服はどうかしら?」と、洋服についてのコメントを求められることはよくあります。そんなときのお返事のバリエーションを身につけると、相手との距離がさらに縮まりますよ。

👍 ここで覚えるお返事!

❶ It looks great on you.（すごく似合うよ）
❷ Blue suits you better.（ブルーのほうが似合うよ）
❸ It's too flashy.（派手すぎだよ）
❹ You're too old for that.（それを着るほど若くはないんじゃないかな）
❺ It's not worth the price.（それだけ払う価値はないよ）
❻ It's tacky.（そりゃ、ダサいよ）
❼ It's very fashionable.（すごくファッショナブルね）
❽ Wow, that looks really cool!（わあ、超カッコいい!）

👍 ダイアログでチェックしてみよう!

🔴 CD 35

A: What do you think of this shirt?
B: **I think it looks great on you.**
A: I can't decide which one to get.
B: **I think blue suits you better.**

A: このシャツどう思う?
B: **すごく似合ってると思うわ。**
A: どっちを買うべきか決められないよ。
B: **ブルーのほうが似合うと思うわ。**

いろいろなお返事を覚えよう！ 🎧CD 36

❶「似合うよ」「ぴったり！」と返事をしよう！

It looks great on you.（すごく似合うよ）
洋服に関して、コメントを求められたときに、まず知っておきたいのは、ほめ言葉です。ここでは、その代表格を覚えましょう。

- **It suits you well.**（よく似合ってる）
  suit は、この場合「スーツ」ではなく、「…に似合う」という意味の動詞。well は「よく」という意味ですね。

- **You look good in red.**（赤が似合うんだね）
  look good in … は「…を着て［身につけて］似合っている」という意味。in … の部分には、in kimonos（着物を着て）、in that shirt（そのシャツを着て）、in bright colors（明るい色を着て）、in loose-fitting clothes（ゆったりした服を着て）などを入れてみましょう。

- **It's you.**（ぴったり！）
  「それはあなただ」が直訳。「その服、君にぴったり合ってる。まさに君って感じ」というニュアンスです。

- **It looks perfect on you.**（完璧に似合ってるね）
  look perfect は「完璧に見える」。on you は「君の上で」、つまり「君が着ていると」ということ。

- **It has your name on it.**（君そのものだね）
  直訳は、「それには、君の名前が書いてある」。相手の名前が書いてあるほど似合っている、と言いたいときに使いましょう。

❷「…のほうが似合うね」という返事！

Blue suits you better.（ブルーのほうが似合うよ）
必ずしも、それが似合ってないと思うときに、「…のほうがいいんじゃない？」と助け船を出す言い方を覚えましょう。suit better は「よりよく似合う」。

- **You look better in blue.**（ブルーのほうがいいね）
  look better は「よりよく見える」。in blue は「ブルーを着ていると」。

- **I don't think it's your color.**（その色は似合わないかな）
「あなたの色（your color）ではないと思う」が直訳。ちょっと、色に違和感を感じているときに言いましょう。
- **Brown doesn't suit you well.**（茶色はあまり似合わないかな）
doesn't suit well は「よく似合わない」。
- **I think you should go with the blue one instead.**
（代わりにブルーのやつにすべきだと思うよ）
「ブルーのやつのほうが似合うので、そっちにしたら？」という意味。

❸「…すぎだよ」と言ってみよう！
It's too flashy.（派手すぎだよ）
flashy は「ギラギラして派手」という感じ。相手には、ちょっと派手すぎ、と思ったときに使いましょう。そのほか、「…すぎ」という言い方を少しチェックしていきます。

- **It's too plain.**（地味すぎるよ）
flashy の反対に、「地味すぎる」と言いたいときには、plain（地味な）という単語を使いましょう。
- **It's too loud.**（派手すぎるよ）
loud は「派手」の意。
- **It's too revealing.**（露出が多すぎるよ）
肩や首周りなどが大きく開きすぎ、などと言いたい場面のために覚えておきましょう。revealing は「露出する：露出的な」という意味の形容詞。

❹「年齢的に合わないね」と言おう！
You're too old for that.（それを着るほど若くはないんじゃないかな）
「あなたはそれには年を取りすぎている」が直訳。年齢に合っていない、と評する言い方ですね。

- **It's too young for you.**（君には若すぎるよ）
これも、前と同じ意味になる表現。

- **You should wear something more age-appropriate.**
（もうちょっと年齢にふさわしいものを着るべきだよ）
age-appropriate は「年齢にふさわしい」。

❺ 値段についてコメントしよう！

It's not worth the price.（それだけ払う価値はないよ）
worth the price は「値段に見合う価値がある」の意。

- **It depends on the price.**（値段によるかな）
値段によってはいい買い物じゃないかな、などと言いたいときに使いましょう。

- **I would only buy it if it were on sale.**
（もしセールだったら買ってもいいけど）
「私だったら、セールになったときにしか買わないだろう」が直訳。これも値段が高すぎる、と言いたいときのコメントのひとつですね。

❻ 「ダサいよ！」と、ケチをつけてみよう！

It's tacky.（そりゃ、ダサいよ）
服をけなす表現を少しチェックしておきましょう。tacky は「ダサい」という意味です。

- **It looks dated.**（時代遅れだよ）
dated は「時代遅れの；古くさい」。

- **It's so eighties/nineties.**（すごく 80 / 90 年代っぽいなー）
ちょっと昔風でダサい、という意味。It's so 20XX. の XX に去年の年を入れたりすることもできますよ。「去年っぽくてもう古い」ということになります。

- **That look is out of fashion.**（もう流行じゃない感じ）
out of fashion は「流行外れの」という意味。

❼「すごくファッショナブル」と言おう！

It's very fashionable.（すごくファッショナブルね）

fashionable は「ファッションセンスに満ちた」。相手の服装をファッショナブルだ、流行に乗ってるね、とほめるお返事を覚えましょう。

- **It looks very trendy.**（トレンディーだね）

  時代を捉えていてトレンディーだ、ということ。That's really trendy now, isn't it?（いまの流行だよね！）のようにも言えます。

- **I see a lot of people wearing that nowadays.**

  （最近、みんながそれを着てるのを見るわ）

  これも流行の服だね、という意味合いで使えます。

- **It's the latest look.**（最新のファッションだね）

  look は「洋服などのファッション」。latest は「最新の」。

❽「カッコいい！」とほめるお返事！

Wow, that looks really cool!（わあ、超カッコいい！）

洋服の感じなどを評しながら返すほめ言葉をいくつか紹介しておきます。cool は「カッコいい」の意。

- **Wow, funky!**（ファンキーじゃん！）

  funky は「イカした」といった意味合いで使います。

- **Wow, it's very chic!**（すごくシック！）

  chic は「シックな；上品であか抜けた」という意味。

- **Wow, it's very stylish!**（センスいいね）

  stylish は「センスのいい；ハイセンスな」。

UNIT 19

「あの人のこと、どう思う?」へのお返事!

だれかについての印象を聞かれることはよくありますね。そんなとき、どのような言葉で人物評をすればいいかは、なかなか日本人に難しいところです。ある人の人間性や、スタイル、センスなど、いろいろなことを英語で伝えられるようになりましょう。

ここで覚えるお返事!

❶ He seems like a nice guy. (いい人みたいね)
❷ He doesn't do much for me. (私にはあまりアピールしないわ)
❸ He seems like a down-to-earth kind of guy.
   (地に足のついた人みたいね)
❹ I have a lot of respect for him. (彼のこと、すごく尊敬してるわ)
❺ I don't know him very well. (彼のことはあまり知らないのよ)
❻ He's full of himself. (彼って、自己中よね)
❼ He's vulgar. (あいつ、下品よ)
❽ She's hot. (彼女、やばいよ)
❾ He's/She's easy on the eyes. (うっとりする)
❿ She has a great figure. (彼女、スタイルいいよね)
⓫ He's well-built. (彼、いい体格ね)

ダイアログでチェックしてみよう!

A: What do you think of Bob?
B: **He seems like a nice guy.**
A: Come on, what do you really think?
B: To be honest, I think **he's a little full of himself**.

A: ボブのこと、どう思う?
B: **彼、いい人みたいよね。**
A: おいおい、正直に話をしてよ。
B: 正直なところ、**ちょっと自己中心的だと思うわ。**

いろいろなお返事を覚えよう！ CD 38

❶「いい人だと思う」という返事！

He seems like a nice guy.（いい人みたいね）
seem like ... は「…に思える」という推量表現。nice guy は「いい人」。

- **I think he's a great guy.**（すごくいいと思うわ）
  great は「すばらしい」。この場合、いろいろな意味ですばらしい人だと思う、というニュアンスです。

- **He's cool.**（イケてると思うわ）
  cool は「カッコいい；イケてる；イカしてる」といった意味合いの形容詞です。外見だけではなく、性格も含めてイケてると言いたいときにも使えますよ。cool は最近、good の代わりとして、シンプルに「いい」という意味合いで軽く使われることも多くなっています。

- **What's not to like about him?**（嫌いになる理由はないわね）
  「彼に関して気に入らない部分はどこ？」が直訳。反語的に、そんなところはない、と伝える言い方です。

❷「異性としては魅力がない」という返事！

He doesn't do much for me.（私にはあまりアピールしないわ）
この not do much for ... は「…にとって魅力がない」という意味。ここでは異性について語るときの表現を少しチェックします。

- **I can't imagine going out with him.**（彼とつき合うのは想像できない）
  imagine は「想像する」。go out は「デートする；つき合う」という意味のフレーズ。

- **I don't see what the big deal is about him.**
  （彼がどうしてもてるのかわからないわ）
  これは、もてる男性に関するコメントに使う言い方。what the big deal is about ... は「…に関して、なにが大騒ぎするほどのことなのかわからない」という意味。

- **I don't know what you see in him.**
  （あなたが、彼のどこにひかれているのか、わからないな）
  what you see in him は「彼の中になに［どんな魅力］を見いだしているのか」。

❸「気取らないいいやつだ」と言いたい！

He seems like a down-to-earth kind of guy. （地に足のついた人みたいね）

down-to-earth は「気取っていなくて素朴な」という意味。気取らない、肩肘張らない、いい感じの人だよ、といった印象を伝える言い方。

- **He's pretty laid back.**（けっこうゆったりした感じね）
  自然にリラックスしていていい感じの人、という意味になるコメント。
- **He's pretty mellow.**（けっこう落ち着いた人よね）
  穏やかで落ち着いていて、人当たりがいい。そんな感じの人へのコメントです。

❹「尊敬してる」と伝えよう！

I have a lot of respect for him. （彼のこと、すごく尊敬してるわ）

respect for ...「…に対する尊敬（の心）」。

- **I admire him.**（尊敬できるよね）
  admire は「尊敬する；感心する；感服する」という意味の動詞です。
- **I think he's a wonderful human being.**（すばらしい人物だよ）
  wonderful human being は「すばらしき人類」。その人物の人間性のすばらしさを評価する言葉。
- **He's my role model.**（私、彼をお手本にしてるの）
  role model とは「人のお手本となるような模範」のこと。それほどすばらしい人物だと評価するひとこと。

❺「あまり知らないから」と答えよう！

I don't know him very well. （彼のことはあまり知らないのよ）

たずねられた人物について、あまり知らないのでコメントできないな、という場面でのお返事。

- **I've never really talked to him.**（よく話をしたことがないのよ）
  never は「決して…ない」。have talked to ... は「…と話をしたことがある」の意。

- **I've only met him a couple times.**（何度かしか会ったことがなくて）
  a couple times は「数度；２回」の意。
- **We're not that close.**（それほど親しくないのよ）
  that close は「それほど親しい」。

❻「性格に問題あるよ」と言おう！
He's full of himself.（彼って、自己中よね）
full of oneself は「自己中心的；利己的」という意味。

- **He's stuck-up.**（うぬぼれてるわよ）
  stuck-up は「うぬぼれた；生意気な；お高くとまった；気取った」という意味。傲慢でうぬぼれが強い人を評する言葉ですね。
- **He's cocky.**（気取ってるわよ）
  cocky も stuck-up とほぼ同じ意味合いで使える単語です。
- **He's arrogant.**（傲慢な人よね）
  arrogant は「尊大な；傲慢な；威張った」という意味の語。

❼「下品よ」と言おう！
He's vulgar.（あいつ、下品よ）
vulgar は「低級で下品；卑俗な」という意味。この vulgar と、次の crass は「性的な意味で下品」なニュアンスが含まれます。

- **He's crass.**（あいつ、下品だよ）
  crass は「がさつ；下品；鈍い」といった意味合いの形容詞。
- **He's crude.**（彼は、がさつよ）
  がさつで品がない、洗練されていない人を評する言い方。異性に対して平気で差別的な発言をする人などは、よくこの形容詞で評されます。

❽「セクシーだ」と言おう！

She's hot. (彼女、やばいよ)
hot は「とてもセクシーで魅力的な」という意味。男性に使っても OK。hot は、男性にも使える単語です。

- **She's sexy.** (セクシーだよね)
  sexy は、そのまま日本語にもなってますが、「セクシー」ということ。sexy も男女問わず使えます。
- **She's a knockout.** (すごい美人だよ)
  knockout は「すごい美人：美男子」をたとえた言い方。男性にも使用可能です。
- **She's quite alluring.** (そそられるよね)
  alluring は「そそる：魅惑する」といった意味。色っぽく艶かしい女性を評するときに。
- **She's gorgeous.** (すごくきれいだよ)
  gorgeous は「美人」や「カッコいい」男性を指して使います。
- **He's dreamy.** (すごくすてき)
  男性のみに使う言い方。dreamy は「夢のような」。He's yummy.（彼ってすてき）という言い方もあります。

❾「外見がいいね」と言おう！

He's/She's easy on the eyes. (うっとりするわ)
男女について、「外見がいい」と言いたいときの表現を少し見ていきましょう。easy on eyes は「目にやさしい」が直訳ですが、「見るとうっとりするもの」という意味です。He's/She's eye candy. も同じ。eye candy（目のキャンディー）も「外見でうっとりさせるもの」という意味。

- **He's/She's good-looking.** (彼イケメンね；彼女、美人だね)
  good-looking は「外見がいい」という意味の形容詞ですね。

❿「スタイルがいいね」と言おう！

She has a great figure.（彼女、スタイルいいよね）
have a great figure で「スタイルがいい」という意味。英語では、have a great style とは言わないので注意しましょう。

- **She has a nice body.**（彼女、いい体つきしているよね）
「体型がいい」という意味ですが、男性が言うと、ちょっとセクシーな意味が入るかもしれません。
- **She's voluptuous.**（グラマーだよね）
voluptuous は「グラマーでセクシー」という含みの語。

⓫「体格がいいよね」と言おう！

He's well-built.（彼、いい体格ね）
男性の体の「ほめ言葉」としては、「スタイルがいい」と言うよりも、「体格がいい」と表現するほうが自然です。well-built は「体格がいい」。

- **He has a great physique.**（彼、いい体型よね）
physique は「体型；体格」の意。
- **He's in really good shape.**（彼、ホントに鍛えた体よね）
in good shape は「鍛えられていていい体つきをした」という意味。

UNIT 20

「すごいでしょ?」へのお返事!

「すごいでしょ？」「いいでしょ？」などと、なにかで自慢している相手に対するお返事を見ていきます。もちろん、「すごいね」といった単純な返事もできますが、その他のいろいろなほめ方や、同調したくないときの返事などもチェックしてください。

👍 ここで覚えるお返事!

❶ **Wow!**（わあ！）
❷ **You're kidding!**（うっそー！）
❸ **You really know how to ＿＿＿.**（…をよく知ってるのね）
❹ **I'm totally envious.**（すっごく、うらやましい）
❺ **That's nothing.**（たいしたことないよ）
❻ **What a waste!**（なんて無駄遣い！）

👍 ダイアログでチェックしてみよう! 🎧 CD 39

A: What do you think of my Chanel bag? Pretty nice, huh?
B: **Wow**, it's beautiful.
A: And it was only 55,000 yen!
B: **You really know how to find a good bargain.**

A: 私のシャネルのバッグどう? すてきでしょ?
B: **わあ**、きれいだね。
A: それにたったの5万5千円だったんだよ。
B: 君って、バーゲン品を探すのがホントに上手だね。

いろいろなお返事を覚えよう！

❶「すごいね」とビックリしよう！

Wow!（わあ！）
相手の自慢を聞いて、好意的に返事をしてあげたいときには、ここで紹介する表現を使ってビックリしちゃいましょう。

- **Great!**（すごい！）
  great は「偉大な」という意味から転じて、「すごい」といったニュアンスで使われています。
- **Cool!**（かっこいい！）
  この cool は「涼しい」ではなく、「かっこいい」「すてき」という意味。
- **That's really impressive.**（すごくいいわね）
  impressive は「強く印象づける」という意味の形容詞。このように、物の評価にも使えます。
- **I'm impressed.**（すごいね）
  直訳すると「感動させられた」「感銘させられた」となりますが、「すごいですね」「いいですね」といったニュアンスで使えます。
- **That's amazing!**（すごいね！）
  amazing は「驚くほどすごい」という意味。That's wonderful!（すばらしい！）でも OK。wonderful は「すばらしい」。

❷「うそでしょう！」と反応しよう！

You're kidding!（うっそー！）
日本語の「うっそー」「マジ！」「あり得ない！」などにあたる言い回しもチェックしましょう。

- **Are you serious?**（マジ！）
  serious は「まじめに；真剣に」という意味の形容詞です。
- **No way!**（あり得ない！）
  直訳は「道がない」。そんなことになるはずがない、あり得ない、といった意味。

❸「どうやって手に入れたの？」

You really know how to ＿＿＿. （…をよく知ってるのね）

❶❷ とは違って感情をそのまま言うのではなく、相手の才能などをほめる返事もあります。how to ... で「…の仕方」の意。下線部分には、shop（買い物をする）や find a good bargain（いいバーゲン品を見つける）などを入れましょう。

- **How in the world did you find that?**（どうやって見つけたの？）
  in the world は「いったい全体」。文全体からこれを取り除いた How did yo find that? は「それ、どこで見つけたの？」という意味。相手の買い物の才能をほめるお返事です。

- **How did you manage to find that?**（どうやってそれを見つけたの？）
  これも文の意味は上の表現とほぼ同じ。manage to find は「なんとかして見つける」という意味。

- **What a find!**（すごい掘り出し物ね！）
  これは見つけたもの、ここではバッグ自体をほめる言い方。直訳は「なんという掘り出し物（find）なんでしょう！」となります。

- **I looked all over for that!**（私もずっと探してたのに！）
  all over は「あらゆる場所を」。私だって探してたのにと、ちょっとうらやましがるようなニュアンス。

- **You've outdone yourself.**（あなた、最高ね）
  outdo oneself は「自分をしのぐ」がもともとの意味。転じて「この上なくうまくやる」という意味で使われるフレーズ。You're amazing.（あなた、すごいわ）なども同様のニュアンスで使えます。

❹「いいなあ」と嫉妬してみよう！

I'm totally envious. （すっごく、うらやましい）

totally は「完全に；ほんとうに；とても」。envious は「嫉妬する；うらやましく思う」という意味。

- **I'm jealous.**（うらやましいわ）
  jealous は「うらやんで；ヤキモチを焼いて」という意味。

- **I hate you!**（あんたなんか、大嫌い！）
  軽い口調で冗談っぽく言いましょう。
- **Lucky you.**（ついてるわねー）
  「ついてるねー」「いいねー」「よかったねー」といった響きのひとことです。

❺「たいしたことないよ」という返事！
That's nothing.（たいしたことないよ）
相手はすごく得意げになっているけれど、自分としてはそんなのどうでもいい、たいしたものとは思わない、という気持ちのときのお返事です。

- **Am I supposed to be impressed?**（すごいって言わなきゃダメなの？）
  be supposed to ... は「…すべきだと考えられている」という意味合い。
- **What's so special about it?**
  （それの、どこが特別なのよ？）
  special は「特別な」。
- **It doesn't do much for me.**（私にはあんまり）
  do much for ... は「…に効果がある；効き目がある」といったニュアンス。

❻「無駄遣いだよ」と非難するお返事！
What a waste!（なんて無駄遣い！）
waste は「無駄」ですね。相手が無駄なものに高いお金を出したことを責める言い方です。

- **You spent ＿＿＿ on that?**（そんなのに、…も使ったの？）
  下線部分には、10,000 yen などの値段を入れましょう。that を強く読むのがコツです。
- **What a rip-off!**（ひどいボッタクリだね）
  rip-off は「ボッタクリ」の意。それって、値段が不当に高いよ、と訴える言い方です。
- **Your taste baffles me.**（あなたの趣味には、ついていけないわ）
  baffle は「まごつかせる；当惑させる」という意味の動詞。

Section 2

確認や質問への お返事！

UNIT 21

「…に興味ある；好き？」へのお返事!

なにかに関して、自分の興味をたずねられたときのお返事を覚えましょう。「興味あるよ；ないよ」というほかにも、「あまり知らないんだ」、あるいは「それって大好き」など、いろいろなパターンの返事ができますね。

ここで覚えるお返事!

❶ Yeah! I love ___ !（ええ、…は大好き！）
❷ Yeah, I'm fairly interested in ___ .
　（ええ、…は、けっこう興味あるわ）
❸ Kind of.（ちょっとね）
❹ Not really.（あんまり）
❺ I can't stand ___ !（…は大嫌い！）
❻ I don't follow ___ very closely.
　（…は、あまりよく知らないんです）
❼ It's not that I'm not interested, but ___ .
　（興味がないというわけではないんですけど…）
❽ It depends on ___ .（…によりますね）

ダイアログでチェックしてみよう! CD 41

A: Are you interested in sports?
B: **It depends on the sport.**
A: Well, I have two tickets to a baseball game. Are you interested in going?
B: **Actually, I don't follow baseball very closely.**

A: スポーツには関心あるの？
B: **スポーツによるかな。**
A: 野球のゲームのチケットが2枚あるんだけど、行く？
B: **実は、野球はあまりよく知らないの。**

いろいろなお返事を覚えよう！

🎧 CD 42

❶「うん、大好き！」という返事！

Yeah! I love ＿＿＿! (ええ、…は大好き！)

「興味がありますか？」「好きですか？」とたずねられたとき、それが大好きな場合、すごく興味がある場合、ハマっている場合などには、ここで紹介する表現を使ってみましょう。この love は「大好き」という意味で使われています。

- **Yeah, I find ＿＿＿ very fascinating.** (ええ、すごくおもしろいと思います)
  find ... very fascinating は「…にとても魅力；興味を感じる」という意味。... is/are very fascinating to me. (…は私には非常に魅力的)もほぼ同じ。

- **Are you kidding? I LOVE ＿＿＿!**
  (ふざけないでよ、大好きに決まってるでしょ！)
  「…は好きかどうかなんて質問、冗談でしょ。そんなもの、大好きに決まってるじゃない！」というニュアンス。

- **Are you kidding? I'm their biggest fan!**
  (ふざけないでよ。私、大ファンなんだから！)
  上のフレーズと同様の気持ちを含んだ言い方。biggest fan は「ものすごいファン」。I'm a huge fan of ...! (…の大ファンなの) という言い方もできます。

- **I'm totally into it.** (完璧にハマってるの)
  be into it は「それにハマっている」という意味。totally は「すっかり；完璧に」。

- **Recently, I've really gotten into it.**
  (それには、最近、ハマっちゃってるの)
  get into it も「それにハマる」の意。recently は「最近」。

❷「わりと好き」と返事をしよう！

Yeah, I'm fairly interested in ＿＿＿.
(ええ、…はけっこう興味あるわ)
fairly は、「けっこう；まずまず；わりと」といったニュアンス。

- **To some extent.** (ある程度、好きよ)
  to some extent は「ある程度；やや；いくらか」。

❸「ちょっとだけ好き」と答えてみよう！

Kind of.（ちょっとね）
以下は、いずれも、ちょっとだけ興味や関心があるときに使う表現。kind of は「ある意味；ある種」がもとの意味。

- **A little bit.**（ちょっと）
  a little は「ほんの少し」。「ちょこっとだけ好き；興味がある」と言いたいときに。
- **I suppose.**（まあね）
  「まあね；ちょっとくらいはね」といったニュアンス。I suppose you could say that. などの略。直訳すると、「そういうふうにも言えると思う」となります。この suppose は「思う」という意味で、I suppose. または I suppose so. で、「まあね」「そうでしょうね」といった響きになります。

❹「あまり好きじゃない」という返事！

Not really.（あんまり）
「ほんとうはそうでもない」が直訳。あまり好きではないときに使いましょう。

- **Not that much.**（それほどでもないわ）
  that much は「それほどたくさん」。not that much は「それほどたくさんでもない」、つまり「それほどじゃない」という意味。
- **It's not my cup of tea, actually.**（実は趣味じゃないの）
  one's cup of tea は「自分の紅茶」が直訳ですが、「自分の趣味」という意味で使われるフレーズです。

❺「大嫌い！」と答えてみよう！

I can't stand ____ !（大嫌い！）
stand は「…に耐える；我慢する」の意。can't stand … では「…には我慢できない」、つまり「…は大嫌い」という意味になります。

- **No, not at all.**（いや、全然）
  全然好きではないという否定表現。not at all は「まったく…ない」の意。
- **Actually, I find it very boring.**（実際、それってすごく退屈よね）
  find ... very boring は「…をひどく退屈に思う」という意味。かなりネガティヴな印象だと伝えるお返事です。

❻「実はあまりよく知らないんです」という返事！
I don't follow ＿＿ very closely.
（…は、あまりよく知らないんです）

「好き？」「興味ある？」とたずねられたけれど、実はそれ自体をよく知らないこともよくありますね。そんなときには、知ったかぶりをせず、正直なコメントを返しましょう。follow ... は「…をフォローしている」、つまり「理解している；わかっている」という意味。closely は「詳細に；よく」。

- **Actually, I don't know much about ＿＿.**
  （実は…はあまり知らないんです）
  know much about ... は「…についてよく知っている」。much の代わりに、a whole lot（たくさん）を使っても GOOD です。
- **What's that?**（なにそれ？）
  相手がなんの話をしているかわからなかったら、正直に、「それってなに？」とたずね返しましょう。
- **What do you mean by ＿＿?**（…ってどういう意味ですか？）
  mean by ... は「…によって意味する」。「あなたは、それによってなにを意味しているの？」が直訳。What do you mean by "extreme sports"?（「エクストリーム・スポーツ」ってどういう意味？）、What do you mean by "parkour"?（「パルクール」ってどういう意味ですか？）のように使いましょう。

❼「興味はあるけど…」と言おう！
It's not that I'm not interested, but ＿＿.
（興味がないというわけではないんですけど…）

「I'm not interested ということじゃない」、つまり「興味がないということじゃない」という意味。いくつか使用例を挙げておきます。

- It's not that I'm not interested, but I don't have time to watch sports.
  （興味がないというわけではないんですけど、スポーツを観る暇がなくって）
- It's not that I'm not interested, but I'm too busy to follow it.
  （興味がないというわけではないんですけど、フォローしてる時間がなくて）

● It's not that I don't like it, but _____.
（好きじゃないわけではないのですが…）

ひとつ上の表現のバリエーションですね。「興味がない」の部分を「好きではない」と言い換えたもの。次の例のように使ってください。

- It's not that I don't like it, but I prefer soccer.
  （好きじゃないわけではないのですが、サッカーのほうが好きなんですよ）
- It's not that I don't like it, but I'd rather play it than watch it.
  （好きじゃないわけではないのですが、観るよりも、やるほうがいいんですよね）

● I don't dislike it, but _____. （嫌いではないのですが…）

dislike は「嫌いである」という意味の動詞。

- I don't dislike it, but I'm not that crazy about it, either.
  （嫌いではないのですが、夢中ということもなくて）
- I don't dislike it, but it's not something I'd go out of my way to watch.
  （嫌いではないのですが、わざわざ観るほどじゃなくて）

● I'd like to say yes, but _____. （興味ある［好き］と言いたいのですけど…）

say yes は「イエスと言う」。

- I'd like to say yes, but actually I'm not really sure what I think.
  （興味あると言いたいのですけど、自分自身よくわからなくて）
- I'd like to say yes, but actually I don't know much about it.
  （興味あると言いたいのですけど、あまりよく知らなくて）

❽ その他のいろいろなお返事！

It depends on _____. （…によりますね）

depend on ... で「…による」。次のような文にして使ってみましょう。

- It depends on the sport.
  （スポーツによりますね）
- It depends on who's playing.
  （プレーしている選手によりますね）

- **I used to be really into it, but _____.** （以前はすごく好きだったけど…）

    used to ... は「かつては…だった（ものだ）」という意味。be really into ... は「…がとても好き；…にとても打ち込んでいる」という意味です。

    ・I used to be really into it, but I haven't been following it recently.
    （以前はすごく好きだったけど、最近チェックしてなくって）

    ・I used to be really into it, but since I started working, I've been too busy.
    （以前はすごく好きだったけど、仕事を始めてからすごく忙しくて）

- **It depends.** （ケースバイケースですね）

    直訳すると、「それは…によります」となります。depend ... で「による」という意味。日本語の「ケースバイケース」という言い方と同じ感覚で使えます。

UNIT 22

「わかりますか？」へのお返事！

「わかりますか」と、こちらの理解を確認されることはよくありますね。わかるのか、わからないのか、あるいはまったくわからないのか、それとも部分的にはわかるのか、はっきりと伝えることで、誤解のないコミュニケーションができるようになります。

ここで覚えるお返事！

❶ I think so.（そう［わかったと］思います）
❷ Probably.（おそらく）
❸ For the most part.（ほとんどは）
❹ Not really.（あまり）
❺ No, not at all.（いいえ、さっぱりです）
❻ I understand everything except this one part.
（この1カ所を除けば、全部わかります）

ダイアログでチェックしてみよう！　CD 43

A: Do you understand?
B: **I think so.**
A: You think so?　You mean you're not sure?
B: No, I mean I think I get it, for the most part.

A: わかりますか?
B: **わかると思います。**
A: わかると思うって？ ということは、はっきりはわからないってこと？
B: いいえ、ほとんどは理解したと思っている、という意味です。

👍 いろいろなお返事を覚えよう！　　🎧 CD 44

❶「うん、わかる（と思う）」と答えよう！

I think so.（そう［わかったと］思います）
「わかる？」とたずねられて、「わかると思うよ」と返事をする言い方。できれば、こう言ったあとに、さらに自分の理解についてコメントするといいでしょう。

- **I think I got it.**（わかったと思いますよ）
  got it は「それを理解した」の意。
- **I think I understand.**（理解してると思います）
  understand は「理解する」。

❷「たぶん」と返事をする！

Probably.（おそらく）
日本語の「おそらく」に近いニュアンス。ほぼわかると思うよ、という感じの言い方です。

- **I suppose.**（たぶん）
  I suppose. は「おそらく」「たぶん」という感じのひとこと。
- **I guess so.**（たぶん）
  guess は「推測する」という意味の動詞。

❸「ほとんどは；基本的には」という返事！

For the most part.（ほとんどは）
most part は「ほとんどの部分」。相手の話のほとんどが理解できている、と思えるときに使いましょう。

- **Pretty much.**（ほとんどは）
  これも、同じく「ほとんど」の意味で使えるひとこと。直訳は「かなり多く」。
- **Basically, yes.**（基本的には）
  「基本的には、そのとおり［理解しています］」が直訳。

相手の話がつかめていて、基本的には理解に間違いがないと思えるときに使いましょう。

❹「あまりよくわかりません」と返答しよう！

Not really.（あまり）
相手の話がわからないときには、正直に「よくわからない」と伝えることが大切です。not really は「あまりよくは（わかりません）」というニュアンス。

- **Not quite.**（はっきりとは）
「すっきりとはわからない」という意味の言い回し。要するに「あまりよくわからない」ことが伝わります。

- **Not so much.**（それほどは）
同じくよくわからないときに使えるひとこと。

- **Kind of, but not quite.**（なんとなく、でもはっきりとは）
kind of は「なんとなく；ちょっとなんとなく」という感じ。

❺「さっぱりわからない」ときっぱり言おう！

No, not at all.（いいえ、さっぱりです）
not at all は「まったく…ない」。さっぱりわからないときにも、きちんと伝えることを心がけましょう。

- **I'm afraid I don't.**（残念ながらわかりません）
I'm afraid ... は「残念ながら…」。

- **It's a little over my head.**（ちょっとわかりません）
over one's head は「自分の頭を超えて」が直訳。「自分の理解力では歯が立たない」、つまり「自分には理解できない」と伝える言い方です。

- **It's all Greek to me.**（ぜんぜんわかりません）
Greek は「ギリシャ語」。ここでは「とても難解な物事」という意味で使われています。

- **I can't make heads or tails of it.**（さっぱりです）
make heads or tails of ... は「…の頭としっぽの区別がつく」の意。

❻「ある部分以外はわかります」と伝えよう！
I understand everything except this one part.
（この１カ所を除けば、全部わかります）

ほとんどわかるけれど、ある部分だけいまひとつなときに使える言い方をチェックしましょう。except this one part は「この一部分を除いては」。

- **I'm just having trouble with this one part.**

  （ここだけ理解に苦しんでいます）

  have trouble with ... は「…にトラブルがある」。

- **There's one part I don't get.** （１カ所だけわかりません）

  I don't get it は「私には理解できない」。このフレーズが one part（一部分）を後置修飾しています。

UNIT 23

「よくわからないんですが」へのお返事!

相手と話をしている最中、こちらの話を相手が理解できなくなるときがありますね。そんなときにも、「どこがわからない？」とたずね返すばかりでなく、「こちらの説明が悪かったね」「もう一度説明するね」など、いろいろな表現で受け答えしてみましょう。

ここで覚えるお返事!

❶ Where did I lose you?（どこでわからなくなったの？）
❷ Sorry, my explanation wasn't very clear.
（ごめん、説明がわかりにくかったね）
❸ Don't worry, you'll figure it out.（大丈夫、そのうちわかるから）
❹ All right, let's go over it again.（了解、もう一度説明するよ）
❺ What's so hard about it?（それのどこがそんなに難しいの？）
❻ Maybe you should ask Hannah.
（ハナにたずねたほうがいいんじゃない？）

ダイアログでチェックしてみよう!

CD 45

A: I'm not sure I understand what you want me to do.
B: **Where did I lose you?**
A: You lost me when you started getting technical.
B: **All right, let's go over it again.**

A: あなたがやってほしいことがよくわからないわ。
B: **どこからわからなくなったんだい？**
A: 技術的な話を始めたところから。
B: **わかった、じゃあ、もう一度繰り返すよ。**

いろいろなお返事を覚えよう！　　CD 46

❶「どこがわからない？」とストレートに！

Where did I lose you?（どこでわからなくなったの？）
まずはなにより、相手の理解がどこまで進んでいるのかを確かめるのが先決ですね。直訳すると、「どこで私はあなたを失いましたか？」となります。lose という単語を、「相手の理解を失う」という意味で使っています。

- **What don't you understand?**（なにがわからないの？）
  ストレートに「どこがわからなかったの？」とたずねる表現です。
- **What exactly don't you understand?**
  （厳密にはどこがわからないの？）
  exactly は「厳密に；正確に」。上のフレーズを応用して、さらに詳しい部分をたずねる表現です。
- **What don't you get?**（なにがわからない？）
  この get は「理解する」という意味で、understand と同じ意味で使われています。

❷「ごめん、説明がよくなかったね」と反省する！

Sorry, my explanation wasn't very clear.
（ごめん、説明がわかりにくかったね）
自分の説明が曖昧だったね、と反省の弁を伝える言い回し。このように、自分の説明が悪かったとひとこと伝えると、相手の気が楽になりますね。explanation は「説明」。clear は「明白な；明らかな」。

- **Sorry, I didn't make myself very clear.**
  （ごめんね。ちょっとはっきりしなかったね）
  make oneself clear で「はっきりと言う；伝える」という意味。
- **Sorry, I'm not good at explaining things.**
  （ごめん、ものを説明するのがうまくなくってね）
  be not good at ... は「…が下手」。

「よくわからないんですが」へのお返事！ 111

❸「いまは聞き流しておいてよ」と言おう！

Don't worry, you'll figure it out.
（大丈夫、そのうちわかるから）

figure it out は「（それを）理解する」。このまま聞いていれば、そのうち理解できるから、いまのところ、気にしないでいいよというアドバイス表現。

- That's OK, you'll pick it up as you go along.

  （大丈夫。先に進むとわかるから）

  この pick up も「理解する」という意味で使われています。go along は「先に進む；進んでいく」。

- That's OK, it's not that important.

  （大丈夫、それほど重要じゃないから）

  相手が聞き逃した場所、理解できなかったところは、さほど重要ではないから安心して、と伝える言い方。

- It's no big deal.（たいしたことじゃないよ）

  これも Don't worry. と同じく、「大丈夫；心配ないから」と伝える言い方。

❹「もう一度、説明するね」と返そう！

All right, let's go over it again.（了解、もう一度説明するよ）

相手にわからなかった部分がはっきりしたら、当然、再度説明してあげることになりますね。そこで使えるフレーズがこれ。go over は「繰り返す；反復する」という意味の熟語。

- OK, let's start again at the beginning.

  （わかった、最初からもう一度ね）

  もう一度、最初から話をしたほうがうまくいくこともあります。start again は「もう一度始める」、at the beginning は「最初から」。

- Maybe we should go over this together.

  （たぶん、これは、いっしょに復習したほうがいいね）

  これもひとつ前の言い方の類似パターンです。

- OK, let me walk you through this.

  （よし、これはじっくりと君に説明するよ）

ここでの walk someone through ... は「人につき添って、…を歩き通させる」、つまり、「ゆっくり説明しながら、きちんと理解させてあげる」という意味で使われています。

❺「どうしてそんなに難しいの？」とたずねよう！
What's so hard about it?（それのどこがそんなに難しいの？）
相手の理解できない部分はわかっても、どうしてそれが理解しがたいのかわからないときに漏らすひとこと。以下の2つも同じですが、ちょっとイライラした感じで使うことが多い表現。

- **What's there not to understand?**（どこに理解できない部分があるの？）
  not to understand は「理解できない」。
- **How many times do I have to tell you?**（何度、言えばいいのさ？）
  do I have to tell you は「君に教えなきゃならないの？」という意味。

❻「…に聞いたほうがいいかも」という返事！
Maybe you should ask Hannah.
（ハナにたずねたほうがいいんじゃない？）
私ではなく、別の人に聞くほうがいいよ、という意味合いのお返事です。

- **Did you try asking Jane?**（ジェーンには聞いてみた？）
  try asking は「たずねてみる」。
- **Why don't you ask Roger?**（ロジャーに聞いてみたら？）
  Why don't you ...? は「…したらどうですか？」という意味。

UNIT 24

「…って知ってる?」へのお返事!

「…って知ってる?」と、なにかに関する知識をたずねられることも、ネイティヴとの会話の中ではとてもよくあります。そんなとき、どういう反応をすればいいでしょうか?「知ってるけど、どうして?」がオーソドックスなお返事でしょうが、そのほかにもいろいろなパターンがありますね。

ここで覚えるお返事!

❶ **Sure. Why do you ask?**（もちろん。どうして?）
❷ **A little, but I'm no expert.**（少しはね。でもよくは知らない）
❸ **That's news to me.**（初耳だよ）
❹ **Not as much as I used to.**（以前ほどではないわ）
❺ **No, I don't follow ___.**（いや、…はわからないわ）
❻ **It's on the tip of my tongue.**（ここまで出かかっているんだけど）

ダイアログでチェックしてみよう!　CD 47

A: Do you know about the upcoming election?
B: **A little, but I'm no expert. Why do you ask?**
A: Do you know when it's going to be held?
B: I read about it today, but **I can't remember for the life of me.**

A: 今度の選挙のことについては知ってる?
B: **ちょっとはね。でも詳しくはないわ。どうして?**
A: いつが選挙の日なのかわかるかい?
B: 今日（新聞で）読んだけど、**どうしても思い出せない。**

＊ for the life of me「どうしても」

👍 いろいろなお返事を覚えよう！ 🎧 CD 48

❶ 「知ってるよ」と、基本のお返事！
Sure. Why do you ask? （もちろん。どうして？）
Sure. は「もちろん」。Why do you ask? と加えることで、相手の意図を上手にたずね返していますね。

- **I know about it through work. What do you want to know?**
（仕事の関係で知っているけど、なにが知りたいの？）
through work は「仕事を通して」。仕事に関係のある知識をたずねられたときには、こういう答え方も利用しましょう。

❷ 「ちょっと知っているけど…」と答えよう！
A little, but I'm no expert. （少しはね。でもよくは知らない）
expert は「専門家」。no expert で、「専門家ではない」、つまり「あまりよくは知らない」ということですね。

- **A little, but not much.** （ちょっとはね、でもそれほどは）
a little は「ちょっと」、not much は「多くはない」。

- **Vaguely.** （ぼんやりとは）
ちょっと知っている、ぼんやり知っている、なんとなく知っている、といった場合の受け答えもチェックしましょう。vaguely は「漠然と；わずかに」。

- **Not in detail.** （詳しくじゃないけど）
詳しくではないが少し知っている、と答える言い方です。in detail は「詳細に」。

- **Yeah, but I'm not familiar with the details.**
（うん、でも詳細はわからないな）
be familiar with ... は「…をよく知っている」の意味。details は、名詞で「詳細」の意。

- **It's not my main area of expertise, but I know a little bit about it.**
（よく知っているエリアではないけど、ちょっとはわかるよ）
main area は「おもな領域；部分」。expertise は「専門」です。

❸「初耳だ」と言おう！

That's news to me.（初耳だよ）

相手にたずねられたことを、ぜんぜん知らないときには、この言い方で返事をしましょう。news to me は「私にとって新しい知らせだ」ということ。

- **It's the first time I've heard that.**（それ、はじめて聞いたわ）
  first time は「はじめて」。
- **I had no idea.**（ぜんぜん、わかんなかった）
  この no idea は「アイデアがない」という意味ではなく、「ぜんぜんわからない」というニュアンスです。

❹「以前は詳しかったが、いまは…」という返事！

Not as much as I used to.（以前ほどではないわ）

not as much as ... は「…ほどではない」という意味。used to ... は、過去のことを述べて、「かつては…したものだ」という意味でしたね。

- **Not anymore.**（もういまはダメね）
  以前は知っていたけど、いまはもう詳しくなくなってしまった、という意味が伝わります。
- **I used to be pretty knowledgeable, but not anymore.**
  （以前はけっこう知識があったけど、もうダメね）
  pretty knowledgeable は「けっこう知識がある」という意味。ひとつ上のフレーズをきちんと言うと、こんな表現になります。

❺「…には疎いの」というお返事！

No, I don't follow _____.（いや、…はわからないわ）

この follow は「従う；ついていく」というより、「フォローする；わかる」という意味。下線部分には the news（そのニュース）や politics（政治）などの単語を入れてみましょう。

- **No, _____ is not my strong point.**（いいえ、…には強くないのよ）
  strong point は「強い点」。下線部に入る語句の例には、the Internet（インターネット）や IT などがあります。

- **I don't know much about _____.**（…はあまり知らないの）
  know much about ... は「…をよく知っている」。

- **I'm not very well-informed about _____.**（…はあまり知らないわ）
  well-informed about ... は「…についてよく知っている；精通している」の意。

❻「ちょっと思い出せない」と言おう！

It's on the tip of my tongue.（ここまで出かかっているんだけど）
on the tip of my tongue は、直訳すると「私の舌の先端に乗っかっている」、つまり「もうちょっとで（その知識が口から）出かかっている」という意味。知っていることだけど、その名前などが口から出てこない場面では、この表現を使いましょう。

- **I vaguely recall reading something about it.**
  （それについて読んだことをなんとなく思い出すんだけど）
  vaguely recall は「ぼんやりと思い出す」。なにかに関して、なんらかの情報を得た記憶があるが、それがよく思い出せない、というときに使える言い回し。

- **I heard about it, but I can't remember for the life of me.**
  （聞いたことはあるけど、ぜんぜん思い出せないわ）
  for the life of me はダイアログにも登場した表現。「どうしても」という意味で使われている熟語です。

UNIT 25

「これ、なんだか教えて?」へのお返事!

相手に、なにかを教えてと頼まれたときには、どんな返事があるでしょうか？日常会話では頻繁に登場する質問なので、「どこがわからないの？」「うん、それならわかるよ」「僕にもわからない」など、いろいろな基本パターンを身につけておきましょう。

ここで覚えるお返事!

❶ Sure, what don't you get? （もちろん。どこがわからないの？）
❷ Oh, that's easy. （ああ、それならかんたんだよ）
❸ I think it means ... （それは…という意味だと思うよ）
❹ Everyone knows that. （そんなの、だれでも知っているよ）
❺ Did you check the internet? （インターネットはチェックした？）
❻ I wish I could, but it's a little over my head.
（できれば答えたいけど、ちょっと無理みたい）
❼ Hold on. （ちょっと待って）

ダイアログでチェックしてみよう!

CD 49

A: Hey, could you tell me what this means?
B: **Sure, what don't you get?**
A: I don't understand this IT jargon.
B: **Did you check the internet?**

A: ねえ、これってどういう意味か教えてくれる？
B: **うん、なにがわからないの？**
A: この IT の専門用語がわからないの。
B: **インターネットで調べてみたかい？**

いろいろなお返事を覚えよう！ CD 50

❶「いいよ、なにがわからない？」とたずね返そう！

Sure, what don't you get?（もちろん。どこがわからないの？）
相手の質問を受けて、質問の内容をもう少し明確にたずね返す言い方。what don't you get? は「なにが理解できないのですか？」の意。

- **What don't you understand?**（なにがわからない？）
  understand（理解する）は、上の文の get と同じ意味で使われています。
- **Sure, what do you need to know?**（もちろん、なにが知りたいの？）
  need to know は「知る必要がある」。
- **What part don't you get?**（どの部分がわからないの？）
  より具体的に、わからない部分をたずねる表現。
- **What is it that you don't understand?**（わからないのはなに？）
  it を that you don't understand（あなたがわからない）が修飾している表現。
- **You mean, this word?**（この言葉のこと？）
  You mean は「あなたは意味している」の意。You're asking me about this word?（この単語のことを聞いてるの？）のようにも言えます。
- **What specifically don't you understand?**
  （特にどこがわからないの？）
  specifically は「特に；特別に」の意。
- **Is it the meaning you don't understand, or the pronunciation?**
  （わからないのは意味なの、発音なの？）
  meaning は「意味」、pronunciation は「発音」。

❷「かんたんだよ；難しいね」という返事！

Oh, that's easy.（ああ、それならかんたんだよ）
文字どおりの意味の基本的なお返事ですね。

- Oh, that? ____ just means ____.

  (ああ、それね。…は、単に…っていう意味だよ)

  "WYSIWYG" just means what you see is what you get.（"WYSIWYG" っていうのは、単に「君の見たものが君の得るもの」という意味だよ）のように使いましょう。WYSIWYG はコンピューターのインターフェイスに関する用語です。

- It is rather hard to follow, isn't it?

  (それって、わりと理解が難しいよね)

  前の2表現とは逆に、難しいねと相手に同調しながら教えようとするときの前置きです。is を強調して発音しましょう。

- Yeah, a lot of people have trouble understanding this.

  (うん、これは多くの人が理解に苦しむよね)

  have trouble understanding … は「…を理解するのに苦労する」という意味。

---

❸「それは…（たぶん）だよ」と答えよう！

I think it means …（それは…という意味だと思うよ）

mean は「意味する」の意。言葉の意味などをたずねられたときに使いましょう。I'm not sure, but I think it means …（はっきりとじゃないけど、…という意味だと思うな）のようにも言えます。

- I'm not 100% confident about this, but probably …

  (100%の自信はないけど、おそらく…だよ)

  100% confident は「100%の自信がある」の意。

- I think it means …, but I'll look it up later.

  (…という意味だと思うけど、あとで調べてみるよ)

  look it up は「それを調べる」という意味になります。later は「あとで」。自信がないので、あとで調べてみると、ひとこと加えていますね。

- I think it means …, but let me check, just to make sure.

  (…という意味だと思うけど、念のために確認させて)

  これも上と同じく、確認することをつけ加えた言い方です。to make sure は「念のために」の意。

❹「そんなの、常識だよ」という返事！

Everyone knows that.（そんなの、だれでも知っているよ）
knows と s をつけるのを忘れずに。次の「…のこと知らなかった」のユニットにも類似表現があります。

- **That's common knowledge.**（それは、常識だよ）
  common knowledge とは「常識」という意味。要するに、だれでも知っていることだという意味ですね。

- **Come on, where have you been?**（おいおい、どこに行ってたんだよ？）
  相手の知識がないのは、どこかよその土地にいたからだろう、と揶揄する言い方。

- **You didn't know that?**（そんなの、知らなかったの？）
  「あなたはそれを知らなかったの？」が直訳。

❺「…で調べたら？」とアドバイスしよう！

Did you check the internet?（インターネットはチェックした？）
他人にたずねるよりも、ネットなどで調べてみたら、とアドバイスすることもできますね。check the internet は「インターネットを調べる；チェックする」の意。

- **Why don't you try looking it up on the web?**
  （ウェブで調べてみたら？）
  look up で「調べる」という意味。on the web は「ウェブ上で」。in the dictionary（辞書）、online（オンラインで；ネットで）、on wikipedia（ウィキペディアで）などと入れ換えても OK。

- **It's all on the internet.**（全部インターネットに載ってるよ）
  「それはすべてインターネット上にある」が直訳。You can find all that information on the web.（その情報は全部ネットで見つかるよ）も同じ。

- **Why don't you try googling it?**（ググってみれば？）
  google を「グーグルで調べる」という意味の動詞として使った言い回し。

❻「私もよくわからない」と答えよう！
I wish I could, but it's a little over my head.
（できれば答えたいけど、ちょっと無理みたい）
相手の質問が、自分にも返答できないものだったら、ここにある言い方で答えましょう。over my head は「歯が立たない；理解できない」の意。

- **It's all Greek to me.**（まったくチンプンカンプン）
「自分には難解なギリシャ語のようだ」が直訳。要するに、自分にもチンプンカンプンだということ。
- **I can't make heads or tails of it.**（さっぱりわからない）
make heads or tails of it は「その区別がつく；理解ができる」の意。ここに取り上げた表現は、ユニット 22 にも掲載していますので参考にしてください。

❼「ちょっと待って」と保留したい！
Hold on.（ちょっと待って）
答えてあげたいけど、いまは手が離せないから、ちょっと待ってほしいという場面で使いましょう。hold on は「待つ」。

- **Sorry, could you hold on a second?**
（ごめんなさい、ちょっと待ってください）
ひとつ上の言い方をもう少していねいに表現したもの。hold on a second で「ちょっと待つ」の意。
- **Can it wait?**（待ってもらえる？）
直訳は「それは待つことができますか」。この場合、「それ」は「相手の質問」です。
- **Sorry, now isn't a good time.**（ごめん、いまタイミングが悪くって）
now isn't a good time は「いまはいいときではない」の意。

UNIT 26

「…のこと知らなかった」へのお返事!

「…のこと、知らなかったわ」と相手がなにかについて知らないと告げたとき、どのような返事があるでしょうか？「そうなの？」「知らなかったの？」と驚く以外にも、「たずねなかったじゃん」とか「知ってると思ってたよ」などなど、いろいろと個性的なお返事を覚えましょう。

ここで覚えるお返事！

❶ You didn't know? （知らなかったの？）
❷ You never asked. （聞かなかったじゃない）
❸ Sorry, I forgot to tell you. （ごめん、言い忘れてた）
❹ Really? I thought you knew. （ほんとうに？ 知ってると思ってた）
❺ I thought you weren't interested. （興味ないかと思って）
❻ What difference does it make? （知ったからってどうなのさ？）
❼ It was on the morning news. （今朝のニュースだったし）
❽ Really? I didn't know that. （ほんとう？ 私も知らなかったわ）

ダイアログでチェックしてみよう！　CD 51

A: I didn't know Seth was having a party.
B: **What difference does it make?**
A: If I had known, I wouldn't have made other plans. Why didn't you tell me?
B: **I thought you knew.**

A: セスがパーティーをしてたなんて知らなかったわ。
B: **知ってればなにか違ったの？**
A: 知ってたら、ほかの計画は立てなかったわ。どうして教えてくれなかったのよ？
B: **君は知ってるもんだと思ってたんだ。**

いろいろなお返事を覚えよう！　CD 52

❶「うそー、知らなかったの？」というお返事！

You didn't know?（知らなかったの？）

相手が知らないことがおかしい、変だ、不思議だ、と返すお返事をチェックしましょう。たくさんのバリエーションがありますよ。

- **You seriously didn't know?**（ホントに知らなかったの？）
  上の表現のバリエーションです。seriously は「真剣に：マジに」の意。You really didn't know? も同じです。

- **Where have you been?**（いったいどこにいたのさ？）
  「どこに行っていたの？」が直訳。だれでも知っているようなことを知らないなんて、いったいどこに行っていたの？ というニュアンス。

- **What planet have you been on?**（どこの惑星にいたの？）
  ひとつ前の表現を誇大にした言い回しですね。What island have you been on?（どこの島にいたの？）という言い方もありますよ。

- **Everyone knows.**（だれだって知ってるよ）
  文字どおりの意味。everyone は３人称単数なので注意しましょう。The whole world knows about it.（全世界が知ってるよ）という言い方もできます。

- **You're so out of it!**（ボケてるんじゃない？）
  out of it は「情報がなくて：わかってなくて」といった意味合いで使われています。

- **Don't you read the newspaper?**（新聞読んでないの？）
  これも、だれでも知っている情報を知らないのね、ということ。Don't you ever watch TV?（テレビは見てるの？）、Don't you follow the news?（ニュースはチェックしてるの？）などのバリエーションもあります。

❷「あなたが聞かなかったから」という返事！

You never asked.（聞かなかったじゃない）

相手がぜんぜん聞いてこなかったから、言わなかっただけだと弁解する表現。自分が言わなかったのが悪いわけじゃないという主張もこもります。

- **You should've asked.**（君が聞くべきだったんだよ）
  聞けば言ったのに、聞かなかったんだから、相手にも責任があるという意味合いのフレーズ。should have asked は「聞いておくべきだった（が聞かなかった）」。

- **If you had asked, I would've told you.**
  （聞いていれば、言ったと思うよ）
  仮定法過去完了の表現、過去の事実に反する仮定をしています。

❸ 「言うのを忘れた。ごめん」と謝ろう！

Sorry, I forgot to tell you.（ごめん、言い忘れてた）
自分でも言おうと思っていた場合には、こんなお返事がいいでしょう。forget to tell は「言い忘れる」の意。

- **Sorry, it slipped my mind.**（ボケちゃってた）
  slip one's mind は「頭の中からすっかり抜け落ちていた」という意味。言おうとしていたけど、それをすっかり忘れてしまっていたときに。

- **Sorry, I meant to tell you.**（言おうと思ってたんだけど）
  mean to ... は、この場合「…しようとする」という意味。

❹ 「え？ 知っていると思った」と、意外な気持ちで！

Really? I thought you knew.（ほんとうに？ 知ってると思ってた）
もちろん相手が知っている情報だろうと思って、わざわざ言わなかったが、知らなかったとはビックリだ、という気持ちの含まれる言い回し。

- **I thought everyone knew.**（だれでも知ってると思ってた）
  基本的な情報だから、だれもが知っていると思っていた、と伝える言い方。

- **I thought it was general knowledge.**
  （だれでも知ってることだと思ってた）
  general knowledge は「一般に知られている物事；知識」。

- **Didn't ____ tell you?**（…に聞かなかったの？）
  相手がいつも親しくしている人から聞いているかと思った、といったニュアンスで。下線部には、人の名前を入れて言いましょう。

- **Don't tell me you haven't heard.**
  (まさか聞いてないなんてことはないよね)
  「聞いていないと、私に言わないでくれ」が直訳。その話題を聞いていないなんて冗談みたいなことを言わないでくれよな、といったニュアンスです。
- **I can't believe no one told you.** (だれにも聞かなかったの？)
  だれかに聞いていてもおかしくなさそうなのに、ほんとうにだれもあなたに伝えなかったの？ といったニュアンス。I can't believe you didn't hear about it.（聞いてないなんて、信じられない）もほぼ同じです。

❺「興味ないと思った」という返事！
I thought you weren't interested. (興味ないかと思って)
いつもの相手の傾向からは興味のなさそうなことなので話をしなかった、と伝える言い方。be not interested で「興味のない」。

- **I thought you didn't care.** (関心ないと思って)
  don't care は「気にしない：関心をもたない」。
- **I didn't think it mattered.** (どうでもいいことだと思って)
  it matters は「それが問題になる」。「問題になることじゃないと思った」とは、つまり「どうでもいいことだと思った」ということですね。

❻「別に知らなくていいんじゃない？」とあっさり返す！
What difference does it make? (知ったからってどうなのさ？)
直訳は、「それがどんな違いを生じるのか？」ですね。そんな情報知ったからってどうってことないよ、という意味のこもった言い方。

- **Does it matter?** (大事なこと？)
  上の表現の簡易バージョンです。matter は「問題になる：違いを生じる」の意。
- **Why do you need to know?** (どうして、知る必要があるのさ？)
  相手が知る必要のないことに関してコメントしている、と思ったときに使いましょう。

❼「私も、さっき知ったの」と打ち明ける！

It was on the morning news.（今朝のニュースだったし）
今朝のニュースで知ったばかりだから、いままで物理的に言う機会がなかった、ということ。

- **I just read about it in the paper.**（さっき新聞で読んだばかりなの）
  いま、新聞で読んだばかりだ、と言いたいときに。I read about it in the paper this morning.（今朝、新聞で読んだばかり）などでもいいですね。
- **I heard about it from a friend last night.**
  （昨夜、友達から聞いたところなの）
  hear about it は「それについて聞く」。last night の代わりに、the other day（昨日）などでも OK です。
- **Anne told me about it just the other day.**
  （つい先日、アンが教えてくれたの）
  just the other day（つい先日）のほか、last week（先週）なども使えます。

❽「ほんとう？ 私も知らなかった」と答えよう！

Really? I didn't know that.（ほんとう？ 私も知らなかったわ）
相手の言っていることを自分も知らなかったときの返答。

- **That's news to me, too.**（それは私にも初耳ね）
  news to me は「私にとって初耳」という意味。
- **You're kidding!**（冗談でしょ！）
  相手の言うことが信じられないときには、こんな言い方で返事をしてもいいでしょう。
- **Are you serious?**（ほんとうなの？）
  「まじめに言ってるの？」「まじめな話なの？」とたずね返すニュアンス。

UNIT 27

「ほんとうなの?」へのお返事!

だれかのうわさなどについて、「あれってほんとうなの?」などと聞かれる場面はけっこうありますね。そんなときのお返事にもいろいろなバリエーションがあります。「そのとおりだよ」「たぶんね」「そうじゃないと思う」などなど、上手な受け答えを覚えましょう。

ここで覚えるお返事!

❶ Yes, it is.（そうだよ）
❷ Probably.（おそらくね）
❸ For the most part.（概ねはね）
❹ Not exactly.（そのまんまではないけどね）
❺ I'm not sure.（わからないわ）
❻ I don't think so.（そうは思わないな）
❼ Who told you that?（だれが言ったのさ?）
❽ Don't be silly.（ふざけないでよ）
❾ It's none of your business.（あなたには関係ないことでしょ）

ダイアログでチェックしてみよう!

CD 53

A: I heard Karen and Ray are going out. Is that true?
B: **Who told you that?**
A: That's beside the point. I'm asking you, is it true?
B: **Uh, not exactly.** They just met a couple times, that's all.

A: カレンとレイがつき合ってるって、ほんとうかい?
B: **だれが言ったの?**
A: それは関係ないよ。僕は君にたずねてるんだよ。どうなの?
B: **ああ、正確にはそうじゃないわね。**何度か会ったってだけよ。

いろいろなお返事を覚えよう！

🎧 CD 54

❶「事実だよ；そうみたい」と肯定しよう！

Yes, it is.（そうだよ）
非常にシンプルに相手の疑問や質問を肯定する言い方。もちろんこの場合は、ダイアログ中の質問が be 動詞の文だったので、この形になっていることに注意してください。

- **It looks that way.**（そうじゃないかな）
look that way は「そのように見える」という意味。自分もそうだと思っているよ、と伝えるフレーズです。

- **As far as I know, yes.**（私の知る限りは、そうね）
as far as ... は「…の限りは」の意。

- **From all appearances, yes.**（見たところそのようね）
from all appearances は「見たところは」という意味。

❷「たぶんね；可能性はあるね」と答えよう！

Probably.（おそらくね）
おそらくそうだと思う、と答える言い回しにもいろいろあります。probably は確度が高く、日本語の「おそらく」に近い響きになります。だいたい8割くらいの可能性のときに使います。

- **Maybe.**（たぶん）
probably よりも、可能性が低く、五分五分くらいの場合には、この maybe を使いましょう。

- **Possibly.**（そうかもね）
maybe よりも、さらに可能性が低そうだ、という場合には、possibly か could be が使われます。

- **Could be.**（かもね）
possibly と同程度の可能性を表します。

❸「まあ、だいたいはね」と言おう！

For the most part.（概ねはね）
ほとんど相手の言っていることが当たっているときの返事。直訳は「ほとんどの部分は」。

- **Basically, yes.**（基本的にはそうね）
  basically は、「基本的には」。ほかのセクションにも何度か登場していますので、そちらもチェックしておきましょう。
- **Mostly.**（だいたいはそうね）
  mostly は「ほとんど；大部分は；概ねは」の意。

❹「全部が事実じゃないけど」と答える！

Not exactly.（そのまんまではないけどね）
相手の言っていることは当たっているが、完全にではない、と言うときに使える言い回しも覚えましょう。ダイアログの例で言えば、ある程度はつき合っていると言えるが、完全につき合っているとも言いにくい状態かな、というときの返事になります。

- **Not completely.**（完全にそのとおり、ではないけどね）
  completely は「完全に」。それを打ち消して、「完全にではなく」。
- **To some extent.**（ある程度はそうね）
  some extent は「ある程度」。

❺「知らない；わからない」と返事をしよう！

I'm not sure.（わからないわ）
ここでは、自分でもよくわからない場合の返事を取り上げておきます。not sure は、「sure ではない」＝「よくわからない」という意味。

- **I wish I knew.**（わかればいいんだけど）
  仮定法過去の文。「私が知っていればなあ」が直訳。

- **You're asking the wrong person.**（私に聞かれてもね）
  wrong person は「間違った人」。自分は質問するのに適当な人物ではない、という主張の文。

❻「違うと思うな」と答えよう！

I don't think so.（そうは思わないな）
「ほんとうではないと思うよ」と言うときのバリエーション。

- **You heard wrong.**（聞き間違ったんじゃないかな）
  hear wrong は「聞き間違える」という意味になるフレーズ。「だれかの話を聞き間違えたんじゃないの？」と、相手にたずね返す言い回しです。
- **You were misinformed.**（誤解してるみたいね）
  misinformed は「誤った情報を与えられる」という意味。「間違った理解をしているわね」「誤解してるわね」といった意味合いになります。

❼「どこで聞いたの？」とたずね返そう！

Who told you that?（だれが言ったのさ？）
なにかをたずねられたとき、逆に、その話の出所をたずね返す表現。相手が知っているはずなさそうなことを言ってきたときに使ってみましょう。

- **Where'd you hear that?**（どこで聞いたの？）
  where'd は where did の短縮です。
- **What makes you say that?**（どうしてそんなこと言うの？）
  相手の話の根拠をたずねる言い方。make someone say ... は「…に…を言わせる」の意。
- **How do you know that?**（どうしてそれを知ってるの？）
  これもシンプルに話の根拠、出所をたずねる言い方です。

❽「ふざけないでよ」と、あきれてみる！

Don't be silly.（ふざけないでよ）
silly は「バカげた」。「バカなことと言うなよ」「ふざけないでよ」という感じ。相手の話が、あまり根拠のない、ばかばかしいものだと思えるような場面で使ってみましょう。

- **You've got to be kidding.**（冗談でしょ）
  kid は、「かつぐ：からかう」という意味。「からかわないでよ」「冗談言わないでよ」「冗談でしょ」といったニュアンスです。
- **Give me a break.**（冗談はやめてよ）
  「私に休憩をくれ」が直訳。相手の話がばかばかしかったり、くだらなかったりするときに、「冗談はやめてくれよ」という感じで返しましょう。
- **That's ridiculous.**（それはバカげてるよ）
  あり得なさそうなことを相手に質問されたときの返事。ridiculous は「バカげた」。

❾ 冷たくあしらうお返事！

It's none of your business.（あなたには関係ないことでしょ）
相手の話が、詮索めいていると思ったときなどには、こういった表現でいさめることも必要かもしれませんね。none of your business は「あなたには関係のないこと」という意味。

- **I think you should mind your own business.**
  （自分の世話を焼いていたほうがいいわよ）
  人の話に首を突っ込んだりしないで、自分のことをしてなさい、といさめる言い方。mind your own business は「自分の仕事を気にする」という意味。
- **Think whatever you want.**（好きなように想像してればいいわ）
  whatever you want は「なんでもあなたの思うとおりに」という意味。Think what you like. と表現しても、ほぼ同じ意味になります。

UNIT 28

「信じられる?」へのお返事!

なにか物事に関して、「あれって信じられると思う?」などと事の真偽をたずねられることは現実の会話ではしばしば起こります。「ちょっと怪しいかも」「信じていいんじゃないかな」など、いろいろな英語の返事をチェックしてみましょう。

👍 ここで覚えるお返事!

❶ It sounds a little fishy to me.（ちょっと怪しいと思うな）
❷ I think it's a rip-off.（それって、ペテンだと思うよ）
❸ I wouldn't trust her.（僕なら彼女を信用しないよ）
❹ As far as I know, she can be trusted.
　（僕の知る限りでは、彼女は信用できる）
❺ Maybe you should take her word for it and give it a try.
　（彼女を信用してやってみたら）
❻ I think you should do a little more research.
　（もうちょっと調べてみたら）

👍 ダイアログでチェックしてみよう! 　🔘 CD 55

A: Do you think this anti-aging cream really works?
B: **It sounds a little fishy to me.**
A: Leah swears it works. Should I believe her?
B: If she says so, **maybe you should take her word for it**.

A: この美肌クリームほんとうに効くと思う?
B: **ちょっと怪しいと思うな。**
A: リアは効くって断言するのよ。彼女を信じるべきかしら?
B: 彼女が言うのなら、**信じるべきなんじゃないかな。**

👍 いろいろなお返事を覚えよう！　　🔘CD 56

❶「怪しいな」と答えよう！

It sounds a little fishy to me.（ちょっと怪しいと思うな）

まずは、相手のたずねてきたことを信じていないときの返事から見ていきましょう。fishy は「魚っぽい」ではなく「怪しい」という意味の形容詞。sound fishy で「怪しく思える」という意味になります。

- **Sounds suspicious to me.**（怪しいね）

  suspicious も「怪しい；疑わしい」という意味の語。この例文では、文頭の It が省略されています。

- **Personally, I'd be skeptical.**（個人的には、怪しいと思う）

  skeptical も「懐疑的な；怪しんでいる」という意味。自分としては、個人的に怪しいと思っている、という意味合いの文ですね。

- **Sounds dodgy to me.**（怪しいと思う）

  dodgy は英国英語で「怪しい」という意味。

❷「だまされているんじゃない？」という返事！

I think it's a rip-off.（それって、ペテンだと思うよ）

rip-off は「詐欺」。うそっぽいことを耳にしたときは、こんな表現で返事をすることもあります。I think it's a scam.（詐欺［ペテン］だと思うよ）と言っても同じです。scam も「詐欺；ペテン；かたり」の意。

- **I think someone's trying to rip you off.**

  （だれかが君をだまそうとしてるのさ）

  rip someone off は「…をだます」という意味。

- **I think you're being taken for a fool.**（君、だまされてるよ）

  be taken for a fool は「だまされる；かつがれる」という意味の熟語。fool の代わりに ride や sucker（［詐欺などの］カモ）という単語をあてることもあります。

❸「私だったら信用しない」と言おう！

I wouldn't trust her. （僕なら彼女を信用しないよ）

自分だったらという仮定で、どう思うのかを伝える言い方。I wouldn't ... は「私なら…だ」という意味。

- **I wouldn't trust her as far as I could throw her.**
（私だったら、絶対に彼女を信用しないわ）
as far as I could throw ... は、直訳すると、「…を投げられる限りは」となりますが、「絶対に」という意味で使われています。

- **She shouldn't be trusted.** （彼女を信用してはダメだ）
shouldn't be trusted は「信用されるべきではない」、つまり、「信用しちゃダメ」ということですね。

- **I wouldn't consider her a reliable source.**
（彼女が頼りになる情報源とは思わないけど）
reliable source とは、「確かな筋［情報源］」「信頼できる筋［情報源］」といった意味。

❹「信じていいと思う」という返答！

As far as I know, she can be trusted.
（僕の知る限りでは、彼女は信用できる）

❷❸とは逆に、信用していいと思う、という返事も見ておきましょう。As far as ... は「…の知る限り」。can be trusted は「信用できる」。

- **I think she's a trustworthy person.** （彼女は信用に足る人だよ）
trustworthy は「信用に足る；信用し得る」という意味。

- **You should take her word for it.** （彼女を信じるべきだよ）
take someone's word for it は「…の言葉を受け取る」が直訳ですが、「…を信用する」という意味で使います。I would take her word for it.（僕なら彼女を信じるよ）という言い方もできます。

❺「まあ、やってみたら」と言おう！
Maybe you should take her word for it and give it a try.
（彼女を信用してやってみたら）

まあ、信用できるかどうかは別として、やってみてもいいんじゃないかな。やっても損をすることはなさそうだから、といったニュアンスのフレーズもいくつかあります。give it a try は「試しにやってみる」という意味。

- **I suppose there's no harm in trying.** （試してみても害はないよ）
  no harm は「害はない」。in trying は「やることにおいて」＝「やってみても」。
- **I suppose you have nothing to lose.**
  （[やってみても] 失うものはないからね）
  have nothing to lose は「失うものはない」の意。
- **Why not give it a try?** （やってみたらいいじゃない）
  Why not ...? は「…してみたら」というおすすめの表現ですね。

❻「もうちょっと調べてみたら」とすすめよう！
I think you should do a little more research.
（もうちょっと調べてみたら）

もうちょっと慎重に、自分で調べたりすればいいよ、とアドバイスしたいときもありますね。そんな場面の表現です。do a little more research は「もうちょっとリサーチする」。

- **I think you need more information.** （もっと情報が必要だと思うよ）
  more information は「より多くの情報」。
- **Maybe you should ask around some more.**
  （もうちょっとあちこち聞いてみたら？）
  ask around は「あちこち聞いて回る」という意味のフレーズ。some more は「もう少し余計に；多く」。

UNIT 29

「覚えてる？」へのお返事！

「この前の…覚えてる？」「あの…覚えてる？」など、過去の記憶をたずねられたときに、どのような返事をすればいいでしょうか？「覚えているよ」「もうちょっとで思い出しそう」「ぜんぜん思い出せない」など、便利な言い方を覚えましょう。

👍 ここで覚えるお返事！

❶ Sure, I remember.（もちろん、覚えてるわ）
❷ It's on the tip of my tongue.（ここまで出かかってるんだけど）
❸ Vaguely.（ぼんやりと）
❹ I'd rather not.（思い出したくないわ）
❺ What's it to you?（あなたには関係ないことでしょう）
❻ I'm getting old.（最近、年でね）
❼ I can't recall it for the life of me.（どうしても思い出せないよ）
❽ If I recall correctly, _____ （ちゃんと覚えていれば、…）

👍 ダイアログでチェックしてみよう！ 🔴 CD 57

A: Do you remember that guy we met at Sue's party?
B: **I'd rather not.**
A: I was just wondering, do you remember his name?
B: **What's it to you?**

A: スーのパーティーで会ったやつのこと覚えてる？
B: **あまり思い出したくないわ。**
A: 君が彼の名前を覚えているかと思ってさ。
B: **あなたには関係ないでしょう！**

いろいろなお返事を覚えよう！

🎧 CD 58

❶「覚えてる」と答えよう！

Sure, I remember.（もちろん、覚えてるわ）
Sure. は「もちろん」。remember は「覚えている」という意味の動詞ですね。

- **Yeah.**（うん）
  ふつうに、Yeah.（うん）と答えてもいいですね。Yes. でも OK。

- **I think so.**（覚えてると思うよ）
  これも「うんそう思うよ」という基本の返事ですね。

- **You mean, ___?**（…のこと？）
  ちょっと上の3表現とは毛色が違い、相手の言葉を別の言葉で確認し直す言い方です。たぶんわかっていると思うけど、…のこと？ と、念のため確認しているのです。
  ・You mean, the guy in sunglasses?（サングラスしてた人のこと？）
  ・You mean, Mike?（マイクのこと？）
  ・You mean, the guy who was really rude to you?
  （君にすごく失礼だったやつのこと？）
  rude は「無礼な；失礼な」の意。

❷「ここまで出ている」と返事をしよう！

It's on the tip of my tongue.（ここまで出かかってるんだけど）
ここまで出かかっている、もうちょっとで思い出しそう、という場面で使うのに便利なフレーズ。on the tip of my tongue は「私の舌の先っちょに」という意味。

- **The name escapes me at the moment.**（どうもいま名前が出てこない）
  「名前が私から逃げていく」が直訳。要するに、名前が出てこないということ。

- **Hold on, it'll come to me.**（待って、もうすぐ思い出すから）
  Hold on. は「待って」という命令文。この come to me は「思い出す」の意。

❸「なんとなく」と答えよう!

Vaguely.（ぼんやりと）
漠然と、あるいは、なんとなく覚えているような気がする、と伝える言い回し。
vaguely は「漠然と」。

- **Kind of.**（なんとなく）
  Kind of. は「なんとなく」という意味の口語表現です。
- **Not very clearly.**（それほどはっきりじゃないけど）
  clearly は「はっきりと」。これもはっきりとではなく、なんとなく覚えている場合の受け答えです。

❹「思い出したくないわ」という返事!

I'd rather not.（思い出したくないわ）
直訳は「むしろ思い出さないほうがいい」。
そのとき、ちょっといやなことがあったりしたので、もう忘れたい、あまり思い出したくはない、という場面で。

- **Unfortunately, yes.**（残念ながら覚えてる）
  unfortunately は「不幸にも；残念ながら」という意味。覚えていたくないのに、覚えている、というニュアンスです。
- **I wish I didn't.**（覚えていなければいいのに）
  これも、同様に、忘れてしまいたいことを覚えている、と伝える言い方。

❺「関係ないでしょう」と言おう!

What's it to you?（あなたには関係ないことでしょう）
私が覚えていようが、いまいが、あなたには関係のないこと、とはねつける言い方。
あまり突っ込んでほしくない話題がもち上がっているときなどに使いましょう。

- **Why do you care?**（どうして、あなたが気にするのよ）

  あなたには無関係なのだから、気にしないでくれ、と遮る言い方のひとつ。you を強く読むと、「あなたには関係ないでしょう！」と特に怒りのこもった強めの響きになります。

- **Why do you want to know?**（どうして知りたいのよ）

  うわさ好きな人などに向かって、どうしてそんなことを知りたいの、というニュアンスで使いましょう。

❻「年なので、忘れっぽいんだ」と返そう！

I'm getting old.（最近、年でね）

直訳は「私は、だんだん年を取っています」。こう言えば、最近は年齢のせいで物忘れが激しいんです、という含みが伝わります。

- **I'm getting senile.**（最近、ボケちゃってて）

  get senile で「ボケる：年齢のせいで焼きが回る」の意。

- **I'm losing my memory.**（記憶力が減っちゃって）

  lose one's memory は「記憶力が衰える」というニュアンス。

❼「（どうしても）思い出せない」という返事！

I can't recall it for the life of me.

（どうしても思い出せないよ）

for the life of me は「どうしても」。いくら思い出そうとしても、思い出せない、という場面でどうぞ。

- **The name slips my mind.**（名前がさっぱり思い出せない）

  slip one's mind は「記憶から滑り落ちる」。ど忘れして、まったく思い出せない、と訴える言い回しです。

- **My memory fails me.**（どうも思い出せない）

  直訳すると「記憶が私の期待に応えない」。

- **I'm really bad with names.**（名前を覚えるのが、すごく苦手で）

  be bad with ... で「…が苦手」という意味。

❽「私の記憶が正しければ…」という前置き！

If I recall correctly, _____ （ちゃんと覚えていれば、…）

correctly は「正しく」。ちょっと自信がないけれど、自分の記憶が正しければこうだ、と伝えるときの切り出しフレーズ。

- If I recall correctly, his name is Mike.
  （ちゃんと覚えていれば、彼の名前はマイクだと思うな）
- If I recall correctly, he moved to Seattle two years ago.
  （ちゃんと覚えていれば、彼は2年前にシアトルに越したと思うよ）

● **If my memory serves me well, _____** （私の記憶が正しければ、…）

serves me well は「私のためによく働けば」の意。

- If my memory serves me well, the spare key should be under the front doormat.（僕の記憶が正しければ、合鍵が玄関のドアマットの下にあるはずだよ）
- If my memory serves me well, Joe must be eighteen years old now.
  （記憶が正しければ、ジョーはいま18歳だと思う）

● **To the best of my recollection, _____** （私が覚えている限りでは、…）

「私の記憶の最大限では…」が直訳。

- To the best of my recollection, I had my cell phone with me when I left the house.（覚えている限りでは、家を出たときには携帯を持っていたんだが）
- To the best of my recollection, he didn't mention your name at all.
  （覚えている限りでは、彼は君の名前なんて、いっさい言わなかったよ）

● **As far as I can recall, _____** （私の記憶している範囲では、…）

As far as ... で「…の限りでは；範囲では」という意味。

- As far as I can recall, the first time we met was at the party.
  （記憶の範囲では、僕らがはじめて会ったのはパーティーだった）
- As far as I can recall, he didn't say anything about having a girlfriend.
  （私の記憶している範囲では、彼は彼女がいることについてはなにも言わなかったよ）

UNIT 30

「満足ですか？」へのお返事！

「満足ですか？」「これで大丈夫ですか？」と、満足感をたずねられることもよくあります。「ええ満足ですよ」とばかり言わず、「もうちょっとなんとかなりませんか？」などと、たまにはちょっと不満も漏らせるようになれるといいですね。

ここで覚えるお返事！

❶ Sure, this is great.（ええ、これでいいですよ）
❷ It's not so bad.（まあ、悪くはないですよ）
❸ It's not quite what I had in mind.
　（想像とはちょっと違うな）
❹ There's no point in complaining now.
　（いま不平を言っても仕方ないですから）
❺ Is this the best you can do?（ほかにまだ方法があるんじゃない？）
❻ This won't do.（ダメです；納得いきませんね）

ダイアログでチェックしてみよう！　CD 59

A: Sorry, ma'am, the best seats were taken. Is this OK?
B: **Sure, this is great.**
A: I know you wanted first-row seats. Are you sure this is satisfactory?
B: **It's not so bad. There's no point in complaining now.**

A: すみません、お客様。いちばんいいお席はないのですが、こちらでよろしいでしょうか？
B: **ええ、これでいいわ。**
A: 最前列の席がよろしかったのですよね。この席でご満足いただけますでしょうか？
B: **それほど悪くはないし、いま不平を言っても仕方ありませんしね。**

いろいろなお返事を覚えよう！

❶「ええ、満足です」というお返事！

Sure, this is great.（ええ、これでいいですよ）
great は「すばらしい」。「これでいいですよ；かまいませんよ」という意味で使える言い回しです。

- **Sure, this is fine.**（ええ、これでいいですよ）
  fine は「かまわない；よい」という意味。「これでいいですよ」と、満足していることを伝える言い方です。

- **Yes, thank you.**（ええ、ありがとう）
  相手のしてくれたことに満足したときには、Thank you. のひとことを加えるといいですね。

- **Yes, this is more than enough.**（ええ、十分ですよ）
  more than enough は「十分に余りある」「十分以上」という意味。これも満足を表すフレーズのひとつです。

- **This is better than I expected.**（期待してたよりもいいですね）
  自分の期待していたよりもいい、と言っても満足していることが伝わります。

❷「まあ、いいんじゃない」的なお返事！

It's not so bad.（まあ、悪くはないですよ）
日本語でも、軽く「まっ、いいんじゃないかな」「まあ、いいかな」などとある程度の満足を示す返事をしますが、それに近いニュアンスのフレーズをチェックしましょう。not bad は「悪くはない」＝「そこそこいい」という感じ。

- **I suppose it'll do.**（まあ、いいと思います）
  it'll do は「それでうまくいく」「それで事足りる」の意。I suppose ... は「…じゃないかな；…と思うな」くらいの感じ。

- **I suppose it's good enough.**（とりあえず十分じゃないかな）
  good enough は「十分によい」という意味。

- **I'll manage.**（なんとかなりますよ）
  完全ではないけれど、なんとか満足して使えそうだ、といった意味。I think I can

manage.（なんとかなりますよ）もほぼ同じニュアンスです。

- **This is all right.**（まあ、大丈夫です）
all right は「大丈夫」という意味。

❸「いまひとつかな」というお返事！
It's not quite what I had in mind.
（想像とはちょっと違うな）
満足というには不足する部分がある、いまひとつだ、といった印象を述べる言い方をチェックしましょう。quite what I had in mind は「私が思い描いていたそのもの」といった意味合い。短くして、Not quite.（いまひとつかな）とも言えます。

- **It leaves a little something to be desired.**（ちょっと不満が残るよね）
「望まれるべきなにかがちょっと残っている」が直訳。a little something は「ちょっとしたなにか」。
- **It feels like something is missing.**（なにかが足りない感じ）
feel like ... で「…のように感じる」。something is missing は「なにかが物足りない」。
- **I don't know.**（さあね）
あまり満足していない感じの響きがあります。

❹「仕方ないかな」と答えよう！
There's no point in complaining now.
（いま不平を言っても仕方ないですから）
不満は残っているが、仕方ないので、現状で満足します、と言いたいときにはこのように言いましょう。

- **What can we do?**（どうしようもないですしね）
「私たちになにができるでしょうか？」が直訳ですが、反語的に「いや、なにもできはしない」という含み。なにもできないなら仕方がないとあきらめるニュアンスです。
- **There's nothing we can do about it at this point.**
（いまここで、できることはなにもありませんし）
文字どおりの意味。There's nothing we can do は「われわれにできることはない」という意味。

- **I guess we have no choice.**（ほかの選択肢はなさそうですし）
  have no choice は「選択肢がない」という意味。

❺「なんとかならない？」という返事！

Is this the best you can do?（ほかにまだ方法があるんじゃない？）
「これがあなたにできる最高のことですか？」が直訳。もう少しなんとかしてほしい、という気持ちを込めて言いましょう。

- **I'm sure we can do better than this.**
  （もうちょっとなんとかなるでしょうに）
  「もっといい方法があると、僕は確信している」が直訳。やや遠回しに文句をつける言い方。

- **Have you tried everything?**（できることを全部やったのですか？）
  try everything は「（できることを）全部やる」の意味。Are you sure you tried everything?（ほんとうにできることを全部やりましたか？）と変形しても OK です。

❻「絶対にダメ」と反論しよう！

This won't do.（ダメです；納得いきませんね）
won't do は「役に立たない」という意味。「これでは役に立たない」と強く返答をする言い方。

- **This is not what I had in mind at all.**
  （ぜんぜん思っていたのと違いますよ）
  自分が考えていたこととはまったく違うので、納得や満足はできない、という意味合い。

- **This is completely unacceptable.**（受け入れられません）
  completely は「完全に」、unacceptable は「受け入れられない」の意。

- **Can I speak to the manager?**（上司と話せますか？）
  manager は「マネージャー；上司」の意。上長を呼んでくれとプレッシャーをかける言い方です。

- **Let me speak to your boss.**（上司に話をさせてください）
  boss は「上司」。あなたでは埒があかないので、上司を呼んでくれと突っ込む言い回しです。

UNIT 31

「この考えどうかな?」へのお返事!

相手の考えやアイデアなどについて、意見を求められたときにもいろいろなパターンの返事があります。もちろん、「すばらしい」と答えたい場合もありますが、そうではない場合、「あまり」「悪くはないけど…」といった返事も用意しておきましょう。

ここで覚えるお返事!

❶ I think it's a great idea.（すごいアイデアだね）
❷ I'm really impressed.（感心したよ）
❸ I think you're onto something.
　（なにかいい鉱脈を掘り当てたんじゃないか）
❹ I don't know.（さあ…）
❺ Not bad, but I think there's still some room for improvement.
　（悪くはないですが、もうちょっと改善の余地はありそうですね）
❻ With all due respect, ...（恐れながら…；恐縮ですが…）

ダイアログでチェックしてみよう!　CD 61

A: What do you think of my idea?
B: **I don't know.**
A: You don't think it's a good idea?
B: Let me put it this way: **I think there's still some room for improvement.**

A: 僕のアイデアどう?
B: **さあ。**
A: いい考えだと思わないの?
B: 私に言わせればだけど、**まだ改善の余地があると思うわよ。**

👍 いろいろなお返事を覚えよう！ 　🔘 CD 62

❶「すばらしいアイデア！」と返そう！

I think it's a great idea.（すごいアイデアだね）
great idea は「すばらしいアイデア」。

- **I think it's brilliant.**（すごい）
  brilliant は「光り輝く（ような）」という意味の形容詞。ほめ言葉の返事によく使われます。

- **You're a genius.**（天才ね）
  genius は「天才」。相手の才能をほめちぎる言い方です。

❷「感心した！」と伝えよう！

I'm really impressed.（感心したよ）
impressed は「（アイデア、作品などに）感心させられた」という意味。

- **I'm blown away.**（ぶっ飛んじゃった）
  blow away は、もともと「吹き飛ばす」という意味。相手のすばらしいアイデアなどに、吹き飛ばされるほど驚いたといった含みの言い方。

- **It's mind-blowing.**
  （驚きのアイデアだね）
  上の表現と同じく blow が使われています。mind-blowing は、「mind（精神：頭）を吹っ飛ばすような」という意味。

- **I'm speechless.**
  （言葉も出ないよ）
  speechless は「言葉のない；言葉が出ない」。言葉もでないほど、感心した、驚いたといった意味合いが伝わります。

❸「いい線をいっている」と答えよう！

I think you're onto something.
（なにかいい鉱脈を掘り当てたんじゃないか）

> かなりいい線いっている、なかなかいい考えだ、などとほめるときに使いましょう。
> onto ... は「なにかすごいものにつながる」「なにかのすばらしい鉱脈を掘り当てる」といった意味合い。

- **I think it's a step in the right direction.**（いい線いってると思うよ）
  a step in the right direction は「正しい方向への一歩」。
- **Overall, I think it's a good idea.**（全体的に見て、いい考えだよ）
  相手の考えが、概していい方向に向いている、と思えるときに使いましょう。
- **It's a good idea, but it still needs some fleshing out.**
  （いい考えだけど、ちょっと具体的にする必要がありそうだね）
  flesh out は「具体的にする；具体化する」の意。

❹ 明言を避けるお返事！

> **I don't know.**（さぁ…）
> 「さぁ」「わからないな」と言いながら、実際はあまりいいと感じていないときの言い方。以下も同じようなニュアンスで使われます。

- **I'm not sure what to say.**（なんと言っていいのか…）
  what to say は「なんと言うべきか」。あまりいいと思っていないが、悪いと言うのもなんなので、こういう言い方になるのです。
- **It's, uh, interesting.**（あー、おもしろいですね…）
  一応、言葉の上では「おもしろい」と言いながら、実際はお茶を濁す感じ。
- **Hmm, how should I put this?**（うーん、どう言ったらいいでしょう…）
  あまりいい考えと思えないので、はっきり言明するのを避けています。

❺ 「悪くはないけど、もうちょっと」というお返事！

> **Not bad, but I think there's still some room for improvement.**
> （悪くはないですが、もうちょっと改善の余地はありそうですね）
> room for improvement は「改善の余地」。

- **It's not bad.**（悪くはないよ）
「悪くはない」＝「まあまあいい」という意味。Overall, it's not bad.（概ね、悪くはないですよ）のように変形しても OK。

- **It could use some fine-tuning.**（微調整したいところですね）
could use は「…するとよい；…したいところ」といったニュアンス。fine-tune は「微調整する」という意味のフレーズ。

- **It has its merits.**（これはこれでいいところがあるね）
merit は「利点；長所」。「それにはそれの長所がある」が直訳。

❻ 違う意見を切り出すお返事！

With all due respect, ...（恐れながら…；恐縮ですが…）
恐縮しながら、独自の意見を切り出すときに使いましょう。

- **In my opinion, ...**（私の意見では…）
opinion は「意見」。In my view, ...（私の見解では…）という言い方もあります。view は「見解」。

- **The way I see it, ...**（私が拝見するに…）
the way I see it とは、「私がそれを見るときの見方」の意。自分の見方から意見を述べるときに。

- **To be honest, ...**（正直なところ…）
率直に、自分の意見を切り出すフレーズ。

- **If it were me, ...**（私でしたら…；私なら…）
「相手ではなく自分だったら、こう思う」と、自分の意見を切り出す言い方です。

UNIT 32

「あなたは賛成?」へのお返事!

「賛成?」「あなたも私と同じ意見かな?」のように意見をたずねられたときの返事をチェックしましょう。「賛成だよ」「基本的には賛成」、あるいは「よくわからない」など、いろいろな対応方法がありますね。上手に自分の主張ができるようになりましょう。

👍 ここで覚えるお返事!

❶ I'm with you.（賛成だよ）
❷ For the most part.（ほとんどは賛成だね）
❸ Not completely.（完全にではないけど）
❹ Not quite.（あんまり）
❺ I'm not sure that's a good idea.
　（それが、いいアイデアかどうかわからないな）
❻ I haven't made up my mind.（まだ、考えてるところ）
❼ That may be true, but ...（そうかもしれませんが…）

👍 ダイアログでチェックしてみよう!　　🎧 CD 63

A: I think we should talk to Karen about this. Do you agree?
B: **I'm not sure that's a good idea.**
A: But someone has to tell her, don't you think?
B: **I see what you're saying, but** maybe this is none of our business.

A: このことを、カレンと話すべきだと思うの。どう?
B: **いい考えかどうかわからないな。**
A: でも、だれかが彼女に言わなきゃいけないでしょ?
B: **言いたいことはわかるけど、**たぶん僕たちには関係のないことだよ。

いろいろなお返事を覚えよう！

❶「賛成だ」と返事をしよう！

I'm with you.（賛成だよ）
まずは賛成するときの言い回しを見ていきましょう。be with you で「あなたに賛成」「同じ意見だよ」という意味になります。

- **I think you're absolutely right.**（完全にあなたの言うとおりだと思う）
  absolutely right は「完全に正しい」。相手の意見が正しく、間違っていないと伝える同意表現です。

- **We are in complete agreement.**（完全に同意見だよ）
  in complete agreement は「完全なる同意の状態にある」という意味。

- **That makes sense to me.**（理解できるよ）
  make sense は「納得がいく：理解できる」。相手の考え方に理解を示す同意表現です。

- **I'm on your side.**（あなたの味方だよ）
  on someone's side で「…の味方」という意味。２つの対立する意見がある場合などに使いましょう。

❷「基本的には賛成できる」と言おう！

For the most part.（ほとんどは賛成だね）
相手の意見のほとんどの部分に賛成だが、多少はどうかなと思える部分もある、という場面で使いましょう。

- **Basically, yes.**（基本的には、賛成だよ）
  これも、基本線は賛成、、ただ、ちょっとだけ違うと思っている部分がある、という場面で使うといいですね。

- **I suppose.**（おそらくね）
  ちょっとどうかなと、多少の疑念を抱きながらも、基本的には同意だと伝えるときに使います。

❸「ある程度は賛成かな」という返事！

Not completely.（完全にではないけど）

not completely は「完全にではなく」。❷よりも少し同意できる部分が少ないときに使う表現を紹介しておきます。

- **To some extent.**（ある程度はね）
  ある程度までは賛成できる。ただし、違う部分もある、ということ。
- **Partly.**（一部は；部分的には）
  相手の意見の一部には賛成できる、しかし、意見が異なる部分もある、ということ。

❹「あまり賛成できないな」と言おう！

Not quite.（あんまり）

「完全には（同意）できない」ということではないので注意。実際の会話では、「あまり賛成できない」という意味で使います。

- **Not really.**（あんまり）
  No. とはっきり返事をする代わりに使って、「あんまり」という意味になります。この場合、「あまり賛成はできない」ということですね。
- **Slightly.**（少しはね）
  わずかに賛成できる部分がある、と伝える表現。

❺ 反対するときのいろいろな返事！

I'm not sure that's a good idea.
（それが、いいアイデアかどうかわからないな）

否定したり反対するときは、この表現のように、あくまでも相手ではなく、相手の考えなどを対象にすることを忘れないこと。そうすれば直接相手の人格を攻撃することなく、異なる意見を伝えることができますね。この表現も、以降に登場する表現も、いずれもビジネスでも使用可能な言い回しです。

- **I'm not sure I agree with that.**（それには賛成できるかどうかわからないな）
  言葉の上では I'm not sure ...（はっきりしない）と言ってはいますが、実際は賛成で

きない気持ちを伝えています。

- **I think we may have a disagreement.**
  （意見の食い違いがありそうですね）
  直訳すると、「意見の食い違いがあるかもしれないと思います」となりますが、実際には、「意見が違ってますね」という気持ちで話します。

- **I'm afraid we don't see eye-to-eye on this.**
  （残念ながら、この件では意見が一致しないようです）
  see eye-to-eye で「意見が一致する」。

- **I'm afraid I don't quite agree with that.**
  （残念ですが、あまり賛成できません）
  not quite は「あまり；あんまり」という意味になります。やんわりと反対する感じです。

- **I've got a different point of view on this.**
  （この件では、別の見方をしています）
  I've got は I have と同じ意味。point of view は「ものの見方」。

- **That's an interesting point, but I don't agree.**
  （興味深い見解ですが、賛成はできません）
  相手の見解に敬意を払いながら、不賛成を表明しています。

- **I think we should reconsider.** （再考する必要があると思います）
  「反対」と述べるのではなく、「考え直すべき」と提案する言い方。

- **I think there's still some room for improvement.**
  （もうちょっと改善の余地があると思います）
  相手の意見に、まだ考え直す余地が残っている、と伝えています。room for improvement は「改善の余地」。

❻「まだ考え中」という返事！

I haven't made up my mind. （まだ、考えてるところ）
自分ではまだ考えがまとまらず、賛成も反対もできない場合の表現も見ておきましょう。make up one's mind は「心を決める」。

- **I'm still up in the air.** （まだ決めかねてます）
  up in the air は「未定の」。自分では賛成か反対か決めかねているときに。

- **I'm not sure what I think.**（自分の考えがまとまりません）
  「自分の考えていることがわかりません」が直訳。
- **I'm still thinking about it.**（まだ考え中です）
  still は「いまだに；まだ」。まだ考えているところで、決められない、という意味合いのフレーズです。

❼ 違う意見を言うときの前置き表現！

That may be true, but ...（そうかもしれませんが…）

「それは、ほんとうかもしれませんが…」が直訳。相手の意見を遮って自分の別の見解を示す必要があることはよくあります。そんなときの切り出しフレーズを覚えましょう。以下の例からもわかるように、相手の意見を尊重する前置きを入れてから、自分の意見を切り出すのがベストです。

- **I see what you're saying, but ...**（ご意見はわかりますが…）
  what you're saying は「あなたが言っていること；言わんとしていること」。
- **I see where you're coming from, but ...**
  （お考えはわかりますけど…）
  where you're coming from は「相手の考え（の根拠）」という意味。
- **I know what you mean, but ...**（おっしゃる意味はわかりますが…）
  what you mean は「あなたが言わんとすること；意図していること」。
- **You have a point, there, but ...**（その点は一理ありますが…）
  have a point は「一理ある；確かにそうだ」といった意味合いです。

UNIT 33

「可能性あるかな?」へのお返事!

なにかの可能性について「…って可能性あるかな?」「あり得るかな?」などとたずねられたときのお返事を確認しましょう。「あると思う」「それはないよ」など、いろいろな可能性の表現を身につけてみましょう。

👍 ここで覚えるお返事!

❶ Sure, it's possible. (もちろん、あるよ)
❷ Certainly! (確実さ!)
❸ I think it's very possible. (かなりあり得るよ)
❹ It depends. (場合によるわね)
❺ I don't see it happening. (あるとは思わないな)
❻ Sure, it just takes some effort. (もちろん、いくぶん努力はいるけどね)
❼ I suppose anything is possible. (なんであったって可能だと思うよ)

👍 ダイアログでチェックしてみよう! 　CD 65

A: Do you think people can change?
B: **It depends.** What kind of change are you talking about?
A: I want to be a more outgoing person. Do you think it's possible?
B: **Sure, it just takes some effort.**

A: 人間って変われるものかな?
B: **場合によるね。** どんな変化のことを言ってるの?
A: もっと外向的な人間になりたいの。そういうのって可能だと思う?
B: **もちろん、いくらか努力は必要だけどね。**

「可能性あるかな?」へのお返事! 155

いろいろなお返事を覚えよう！　　CD 66

❶「あり得るよ」と言おう！

Sure, it's possible.（もちろん、あるよ）
possible は「あり得る；可能だ」という意味。なにかの可能性を肯定するひとこと。

- **I would like to think so.**（そう考えたいね）
  自分としては、あり得ると思うし、そうあってほしいと思う、といったニュアンス。
- **I would say so.**（僕としてはそう思うな）
  I would say ... は「私なら…と思う」の意。やや控えめに、そう思うよ、というニュアンス。

❷「100％（絶対）あり得るよ」という返事！

Certainly!（確実さ！）
certainly は「確実に；確かに」という意味。非常に高い可能性を示唆する言い方です。

- **Definitely!**（絶対だよ！）
  definitely は「確かに；絶対に」。これも Certainly! と同様、強く可能性を信じる言い方。
- **Absolutely!**（絶対だよ！）
  absolutely は「絶対」。上の２表現と同様の強さの言い回しです。

❸ 可能性のレベル別に返事をしよう！

I think it's very possible.（かなりあり得るよ）
very possible は「非常に可能性のある」という意味。かなりの高確率であり得るよ、といったニュアンスの返事です。

- **I'd say the chances are 50-50.**（五分五分くらいかな）
  chances は「可能性；見込み」の意。I'd say you have a 50-50 chance.（可能性は五分五分だね）という言い方もできます。
- **I think it's possible, but unlikely.**（あると思うけど、見込み薄だね）
  あるかもしれないが、可能性や確率、見込みなどが薄いと思っているときに使いましょう。

❹「場合によるね」と言おう！

It depends.（場合によるわね）

直訳は「それは…による」。…の部分はこのフレーズには入ってませんが、It depends. だけで「場合によるね；ケースバイケースだね」といった意味になります。

- **It depends on the circumstances.**（環境によるね）
  depend on ... は「…による」というフレーズ。
- **In some cases, yes.**（あるケースでは、あり得るよ）
  「あるケースでは、YES だ」が直訳。これも、場合によってはあり得るという言い方のひとつ。

❺「あり得ないよ」という返事！

I don't see it happening.（あるとは思わないな）

「それが起こるのが見えない」が直訳。「あり得ないよ」「あるとは思わないね」という返事です。

- **It's hard to imagine that happening.**（想像するのは難しいね）
  直訳すると、「それが起こるのを想像するのは難しい」となります。可能性をほぼ否定する言い方です。
- **That seems unlikely.**（なさそうに思うわ）
  unlikely は「なさそうな：起こりそうにない」という意味。That doesn't seem likely.（ありそうにないね）と言っても同じです。
- **Some things you can't change.**（変えられないものだってあるんだよ）
  世の中には、いくらどうしても変えることができないこともあるのだと、可能性を否定する言い方。
- **Some things are impossible.**（あり得ないことだってあるんだよ）
  世の中には不可能なことだってあるのだ、という意味合い。impossible は「不可能」。
- **The chances of that happening are zero.**（可能性ゼロだよ）
  the chances of happening は「起こる可能性」。The likelihood of that happening is zero. もほぼ同じ意味になる言い方です。likelihood も「可能性：見込み」の意。

- **That will never happen.**（絶対あり得ないよ）
  never happen は「決して起こらない」。文末に、in a million years（100万年経っても）を加えて強調することもあります。

---

❻「努力次第だよ」と言おう！
Sure, it just takes some effort.
（もちろん、いくぶん努力はいるけどね）
take some effort は「いくらかの努力を要する」という意味。

- **If you work at it, anything is possible.**
  （がんばれば、なんでも可能だよ）
  work at ... は「…に懸命に取り組む；努力する」という意味。
- **Sure, it just depends on how much work you put into it.**
  （もちろん。どれだけ努力したかによるだけだよ）
  how much work は「どれだけの仕事［努力］を」。put into it は「それに注ぎ込む」。

---

❼「いつだって可能性はある」と言おう！
I suppose anything is possible.
（なんであったって可能だと思うよ）
なかなか起こりそうもないかもしれないが、あり得ないということはない。なんらかの可能性はいつだって残されている、といったニュアンスの言い方をチェックしましょう。

- **Anything can happen.**（どんなことだって起こりうるよ）
  can happen は「起こりうる」。
- **You never know.**（だれにもわからないさ）
  You never know what's going to happen.（なにが起こるかはだれにもわからない）の省略。可能性を信じようとする気持ちがこもった言い方。
- **Never say never.**（あり得ないなんて言っちゃダメだよ）
  「never なんて決して言うな」が直訳ですね。

158

Section 3

お願い、アドバイス、評価などへのお返事!

UNIT 34

「手伝おうか?」へのお返事!

ネイティヴが、「手伝おうか?」と声をかけてくれることはよくありますね。そんなとき、「お願いします」と言うのか、「いや、大丈夫です」というのかは状況次第。多様な返事を覚えて、上手にコミュニケーションをとりましょう。

ここで覚えるお返事!

❶ Thanks, I appreciate it. (ありがとう、助かるよ)
❷ No, thanks. (いや、大丈夫)
❸ I'm OK for now. (いまのところ大丈夫だよ)
❹ Actually, I was just about to ask you.
（実は、お願いしようと思ってたの）

ダイアログでチェックしてみよう!

CD 67

A: Need some help?
B: **No, thanks.**
A: Are you sure?
B: Yeah, **I'm OK for now.** I'll let you know if I need any help.

A: 手伝おうか?
B: **いや、かまわないわ。**
A: ほんとうに?
B: うん、**いまは大丈夫**。必要になったらお願いするから。

👍 いろいろなお返事を覚えよう！　　🎵CD 68

---

❶「はい、ありがとう」とお願いしよう！

Thanks, I appreciate it.（ありがとう、助かるよ）

手伝いを申し出てくれた相手に、「お願いするよ」と伝えるときには、このように感謝の言葉も加えるといいですね。appreciate は「ありがたく思う」という意味の動詞。

- **That would be great.**（それはありがたい）

  great は「すばらしい」という意味。これも相手の申し出を受け入れて感謝する言い方です。

- **Actually, I do. Can you help me?**

  （実際手助けが欲しいところなんだ。手伝ってくれる？）

  (Do you) Need some help? という疑問文への返事として、Actually, I do.（実のところ必要なんです）と答えています。

- **Thanks, I owe you one.**（ありがとう、ひとつ借りだね）

  I owe you one. は、直訳すると「ひとつ借りがある」となりますが、これも感謝の表現のひとつです。

- **Do I ever.**（もちろん！）

  I do.（必要です）という返事を ever で強調した言い方で、全体が倒置表現になっています。

- **Unfortunately, yes I do.**（残念ながら必要なんだ）

  手伝ってもらうのは悪い、だけど、残念ながら手伝いが必要だ、という気持ちで言うひとこと。

- **Yeah, I could use a pair of extra hands.**

  （うん、人手があると助かるよ）

  could use ... は「…があるとありがたい」という意味。a pair of extra hands は「余分な人手」の意。

❷「けっこうです」と断ろう！

No, thanks.（いや、大丈夫）
申し出などに断りを入れるときの定番表現。軽い感じで明るく返事をしましょう。

- **No, I'm fine.**（いや、大丈夫）
  fine は「大丈夫」の意。「自分だけで大丈夫だから」というニュアンス。

- **It's kind of you to ask, but I think I'm OK.**
  （たずねてくれてうれしいけど、大丈夫だと思う）
  it's kind of you to ask は「たずねてくれるなんて親切だね」という意味。

- **No, but thanks for asking.**（いや、でも聞いてくれてありがとう）
  断るときには、さりげなく感謝の言葉をつけ加えるのが、いいコミュニケーションの秘訣ですね。thanks for ... は「…してくれてありがとう」。

- **No thank you, I think I can manage.**
  （いや、けっこう。自分でやれると思うから）
  manage は「なんとかする」の意。

- **No, thank you. I think I can handle this.**
  （いや、大丈夫。なんとかできると思うから）
  handle は「処理する；対処する」という意味の動詞。

- **Thanks, but I think I should do this myself.**
  （ありがとう。でも自分でやるべきだから）
  大変だとしても、そうでなくても、自分でやったほうがいいと思われることである場合、このような言い方で断りましょう。

- **Thanks, but no thanks.**（ありがとう、でもかまわないよ）
  Thanks, but ... は「ありがとう、でも…」。no thanks は「けっこうです」。

❸「いまはいいけど…」と、つないでおきたい！

I'm OK for now.（いまのところ大丈夫だよ）
OK も「大丈夫」。for now は「いまのところ」の意。いまは大丈夫だけど、もしかしたらあとでお願いするかも、という気持ちのときに使いましょう。

- **I'm OK for now, but if I need anything, I'll let you know.**
  （いまはいいけど、もしなにか必要なら、あとで知らせるわ）

ひとつ前の表現にちょっとつけ加えて、より具体的に伝えています。let you know は「あなたに知らせる」ということ。I'll let you know if I need any help. (助けが いれば、知らせるから) という言い方に変えても OK です。

● **Can I get back to you on that?** (またあとで話をさせて)
「そのことについては、あとで連絡してもいい？」が直訳。

---

❹ その他のいろいろなお返事！
Actually, I was just about to ask you.
(実は、お願いしようと思ってたの)
Actually, ... は「実は…」と切り出す言い方。be just about to ... は「ちょうど …しようとしているところ」の意。

● **I appreciate it, but I've already asked someone to help me.**
(ありがとう、でももうほかの人に頼んであるから)
I appreciate it, but ... で「ありがとう、でも…」。感謝しながら、断りの理由もいっしょにして返事をしています。

● **You're welcome to try, but I think it's pretty hopeless.**
(大歓迎だけど、かなり絶望的だと思うわ)
手伝ってくれるのは大歓迎だけど、結局はうまくいかないから無駄になると思うよ、というニュアンス。

UNIT 35

「…してくれない?」へのお返事!

「…してくれない?」「…できる?」とたずねられたとき、必ずしも「いいよ」とお返事できるとは限りませんね。そんなときには、「ちょっと待って」「いまはちょっと無理」といった返事もできるようにしておきたいものですね。

ここで覚えるお返事!

❶ Sure, what's the problem?（もちろん、どうしたの?）
❷ Could you hold on a second?（ちょっと待ってもらえる?）
❸ I'm not sure I can help you, but I'll try.
　（手伝えるかどうかわからないけど、やってみるね）
❹ Sorry, I'm a little busy right now.（ごめんね、いまちょっと忙しくて）
❺ Sorry, I can't help you with that.
　（ごめん、私ではお役に立てないわ）
❻ Maybe you should ask Hannah.（たぶんハナにたずねるべきかもね）

ダイアログでチェックしてみよう! CD 69

A: Jill, could you help me with this?
B: **Sure, what's the problem?**
A: I can't understand how to run this new software program.
B: **Sorry, I can't help you with that.** Why don't you ask Bill?

A: ジル、これ手伝ってもらえない?
B: **もちろん、どうしたの?**
A: この新しいソフトの動かし方がわからないんだ。
B: **ごめん、私ではダメね。** ビルにたずねたら?

いろいろなお返事を覚えよう！ 🎧 CD 70

❶「いいよ」と、気持ちよく返事をしよう！

Sure, what's the problem?（もちろん、どうしたの？）
Sure. は「もちろん、いいよ」と、気持ちよく返事をしたいときに使いましょう。What's the problem? は「どうしたの？：なにが問題なの？」とたずねる言い方ですね。

- **No problem. What is it?**（いいよ。なあに？）
  No problem. は「問題ないよ」と軽く応じるときに使いましょう。What is it? は「それってなに？」というより「なあに：どうしたの？」とたずねる感じです。

- **I'd be happy to.**（よろこんで）
  「よろこんで手伝うよ」という気持ちが伝わる言い回しです。

❷「ちょっと待って」という返事！

Could you hold on a second?（ちょっと待ってもらえる？）
いますぐには対応できないから、ちょっと待って、と言いたいときもよくありますね。そんなときのひとことを学びましょう。hold on は「そのままの状態で待つ」ということ。a second は「1秒」ではなく、「ちょっと」。

- **Hold on, I just have to do this one thing.**
  （待って。これだけやっちゃうから）
  have to do this one thing は「このひとつのことだけやらなければならない」という意味。

- **I'll be with you in a second.**（ちょっと待って）
  直訳すると「すぐにあなたのもとに来ます」。これも、ちょっと待ってもらうときのひとことです。

「…してくれない？」へのお返事！ 165

❸「いいけど…役に立たないかも」と言おう！
I'm not sure I can help you, but I'll try.
（手伝えるかどうかわからないけど、やってみるね）
もちろん手伝うのはやぶさかではないけど、自分で役に立つかどうか、という気持ちの表現をチェックしてみましょう。be not sure は「定かではない；わからない」の意。

- **I can try, but I don't know if I can help you.**
  （やってみることはできるけど、手助けになるかどうかわかんないよ）
  don't know if ... は「…かどうかわからない」の意。
- **I'm no expert, but I can try.**
  （専門家じゃないけど、やってみることはできるよ）
  no expert は「ぜんぜん専門家じゃない」。
- **There's no harm in trying, I suppose.**
  （試してみても害にはならないよね）
  harm は「害」。in trying は「試してみることで」。suppose は「たぶん…だと思う」。

❹「いまは手が離せない」と返事がしたい！
Sorry, I'm a little busy right now.
（ごめんね、いまちょっと忙しくて）
right now は「ちょうどいま」。ちょっと手が離せないときの断りのひとこと。

- **Sorry, my hands are tied right now.**（いまは手が空かないの）
  be tied は「縛られている」の意。忙しさで手一杯、ということです。
- **Sorry, you caught me at a bad time.**（悪いときに声をかけたわね）
  catch は「(人などを) つかまえる」の意。at a bad time は「悪いタイミングで」ということ。

❺「ごめん、私もよくわからない」と返そう！
Sorry, I can't help you with that.
（ごめん、私ではお役に立てないわ）

> 自分では役に立ちそうにないことを頼まれたら、はっきり自分ではできない、役に立たない、わからないと伝えてあげるほうがいいですね。help ... with ... は「…のことで…を助ける」。

- **Sorry, that's not my area of expertise.**
  （ごめんね。私の得意分野ではないの）
  my area of expertise は「自分が専門としている分野」のこと。

- **Sorry, I'm not very knowledgeable about that.**
  （ごめん。その辺はあまり知識がなくて）
  knowledgeable は「知識が豊富な；知識がある」という意味の形容詞。やはり、自分の得意なことではないという断りの表現です。

- **Sorry, ____ is not my strong point.**（…には強くないの）
  strong point は「強いところ；得意なところ；得意分野」。下線部には、English（英語）、computers（are）（コンピューター）、cooking（料理）などを入れてみましょう。

- **I wish I could help you, but I'm not very good with ____.**
  （手伝いたいのはやまやまだけど、…は得意ではないんだ）
  I wish I could help you は「手伝えたらいいなと思う」。下線には、computers（コンピューター）などの語を入れましょう。

❻ 「…に聞いたほうがいいかも」とアドバイスしよう！

Maybe you should ask Hannah.（たぶんハナにたずねるべきかもね）

> 自分では役に立ちそうにないときには、だれか別の人物をすすめたりしたいものです。そんなときの表現をチェックしましょう。

- **Did you try asking Jane?**（ジェーンにたずねてみた？）
  try asking は「たずねてみる」。

- **Why don't you ask Roger?**（ロジャーに頼んでみたら？）
  Why don't you ...? は「…してはどう？」という意味のアドバイス表現です。

UNIT 36

「…してもいい?」へのお返事!

相手に、「…してもいい?」と許可を求められることは日常茶飯事ですね。「いいよ」という肯定のお返事のほかにも、「ダメ」「絶対ダメ」「条件つきならいいよ」などなど、いろいろな返答パターンを覚えておきましょう。

ここで覚えるお返事!

❶ No problem.（問題ないよ）
❷ Yes, but on one condition.（いいけども、ひとつ条件がある）
❸ Just bring it back in one piece.（壊さないで返してね）
❹ Sorry, not today.（ごめん、今日はダメなんだ）
❺ Yes, I do mind.（ダメ）
❻ No way!（絶対に無理!）

ダイアログでチェックしてみよう!

CD 71

A: Kim, do you mind if I borrow your car?
B: **No problem, just bring it back in one piece.**
A: No problem. Oh, one more thing. Could you lend me your driver's license?
B: **No way!**

A: キム、君の車を借りてもいい?
B: **いいわよ、ちゃんと、そのままの状態で戻してね。**
A: 問題ないよ。あっ、もうひとつ。運転免許も貸してもらえる?
B: **絶対無理!**

いろいろなお返事を覚えよう！　　CD 72

❶「いいよ」と気持ちよく許可しよう！

No problem.（問題ないよ）
no problem は「問題がない」という意味。快く許可するフレーズ。

- **No, not at all.**（いいよ）
　Do you mind ...? に対する、「いいよ」という返事は基本的には、No, not at all. になることに注意。ただし、以下に出てくる返事でも大丈夫です。

- **Sure, go ahead.**（もちろん、どうぞ）
　go ahead は「前に進む」がもとの意味。転じて、「どうぞ好きにやってください」という意味で使われています。

- **Be my guest.**（どうぞどうぞ）
　「私のゲストになって」が直訳。「どうぞ」と快く許可する言い方のひとつです。

❷「条件つきでなら OK」という返事！

Yes, but on one condition.（いいけども、ひとつ条件がある）
on one condition は「ひとつの条件つきで」という意味。代わりに…をしてくれるなら、などの言葉を加えて使います。

- **Yes, but just this once.**（いいけど、今回だけだからね）
　just this once は「この一度だけ」の意。

- **All right, but just today.**（いいけど、今日だけだからね）
　今日はいいけど、ほかの日はダメだとつけ加える言い方です。

- **All right, but I need it back this evening.**
　（いいけど、夕方には戻してもらわないと）
　need it back は「戻してもらう必要がある」という意味。次の❸の項目も参照。

- **Sure, if Jim says it's OK.**（ジムが OK ならいいよ）
　だれか別の人の確認が取れれば OK と条件を出す言い回しです。

❸「ちゃんと返してよ」とひとこと加えて！

Just bring it back in one piece.（壊さないで返してね）

in one piece は「無事に；壊さないで」という意味。bring back は「戻す；返す」。なにか大事なものを貸すときには、こんな言葉をひとこと添えてみましょう。

- **As long as I get it back.**（返してくれるならいいわ）

  as long as ... は「…してくれる限りは」と条件をつけるフレーズ。

- **You can't have it, though.**（いいけど、あげないからね）

  自動車ではあり得ませんが、CDなどの小さなものを貸すときは、ひとこと添えてもいいでしょう。

- **Sure, but I want it back.**（いいよ。でも返してね）

❹「事情があってダメなんだ」と断ろう！

Sorry, not today.（ごめん、今日はダメなんだ）

今日はダメだ、と断りを入れる言い方。ただし明日もう一度言っても、ダメかもしれませんね。

- **No, but you can borrow it tomorrow, though.**

  （ダメだけど、明日なら貸せるよ）

  この場合は、明日なら借りられそうですね。

- **Sorry, I don't have it now. I lent it to Jim.**

  （ごめん、ジムに貸していてないんだよ）

  第三者に貸しているのでダメ、と事情を説明しながら断る言い方です。

- **I can't. I promised Jim I'd lend it to him.**

  （できないんだ。ジムに貸すって約束したから）

  先約があるんだ、と断りを入れる表現です。

❺ 「いやだよ」と、きっぱり返そう！

Yes, I do mind. （ダメ）

相手になにかを許可したくないときに使える表現。Do you mind ...?（…してもいいかな）への、「ダメ」というきついお返事です。直訳は「私はとても気にします」。

- **No, you can't.** （ダメだよ）

  相手の質問が、May/Can I ...?（…してもいいですか？）のパターンだった場合には、この形で断ります。I'm sorry but you can't.（悪いけどダメなの）のように言えば、もう少していねいになります。

- **Sorry, I can't let you do that.** （悪いけどそれは無理ね）

  「あなたにそれをさせることはできない」が直訳。

- **Sorry, that's asking a little too much.** （それは、ちょっと要求しすぎね）

  要求の範囲を超えた要求だから、あなたにそうさせることはできない、という意味。その相手が、ちょっと無理なことをたずねていると思ったときに使いましょう。

❻ 「絶対いやだよ」と断ろう！

No way! （絶対に無理！）

❺で取り上げた表現よりも強く、「絶対にダメ！」といったニュアンスになる言い方をチェックしましょう。No way! は「絶対にダメ！；あり得ない！」というニュアンス。No way, you never return anything.（絶対ダメ。君はものを返さないじゃないか！）のような言い方もできますよ。

- **Get out of here!** （冗談でしょ）

  「ここを出て行け」が直訳。相手の要求などが、話にならないときに使いましょう。

- **Don't be ridiculous.** （バカなこと言うなよ）

  ridiculous は「バカげた」。

- **Over my dead body.** （死んでも無理）

  「私の死体を乗り越えて」が直訳。「私の目が黒いうちはそんなことは絶対にダメ」という意味。

「お願い！；頼むよ！」へのお返事！

「今回だけだからお願い」と相手になにかを強く懇願されたときの返事を見ていきます。「いいよ」「オッケー」と気軽に答えるのもよしですが、相手にちょっと恩を着せる言い方や、不平を漏らす表現などもいっしょに身につけたいですね。

ここで覚えるお返事！

❶ Sure, anything for a friend.（もちろん、友達だもの）
❷ Well, all right, I guess I owe you.
　（まあ、いいよ。お世話になってるっぽいし）
❸ All right, if you insist.（そこまで言うなら、いいけど）
❹ All right, but you owe me.（いいけど、貸しにしとくからね）
❺ OK, but this is the last time.（いいよ。でもこれが最後だからね）
❻ I'm tired of your favors.（もうこりごりなんだよ）
❼ Sorry, I don't think I can help you.
　（ごめんね、手助けにはなれないと思うな）

ダイアログでチェックしてみよう！　CD 73

A: Bill, you've got to help me. Please, just this one time.
B: **All right, but you owe me.**
A: Thanks. I won't forget this.
B: **I won't let you forget it.**

A: ビル、手伝ってよ。今回だけお願い！
B: **いいよ。でも貸しだからね。**
A: ありがとう。この恩は忘れないわ。
B: **絶対に忘れさせはしないよ。**

いろいろなお返事を覚えよう！ 🔊 CD 74

❶「いいよ」と気軽に応じよう！

Sure, anything for a friend.（もちろん、友達だもの）
Sure. は「もちろん」と応ずる言い方。anything for a friend は「友達のためにならなんでも」という意味です。気持ちのいい受け答えですね。

- **Sure, anything for you.**（もちろん、君のためならなんでも）
上の表現の変形版。for you は「あなたのため」ですね。

- **Sure, I'd be happy to help.**（もちろん、よろこんで手伝うよ）
相手のお願いに応じるときとてもよく使われる言い回し。I'd be happy to ... で「よろこんで…しますよ」という意味になります。

❷「ま、お世話になってるからね」と応じよう！

Well, all right, I guess I owe you.
（まあ、いいよ。お世話になってるっぽいし）
相手に日頃お世話になっているから、多少のことは聞いてあげるよ、という気持ちの言い回しをチェックしましょう。I guess ... は「たぶん…だと思う」。I owe you. は「あなたに借りがある；世話になっている」という意味。

- **Considering everything you've done for me, I guess I can't refuse.**
（これまで君のしてくれたことを考えると、断れないよね）
Considering ... は「…を考え合わせると」という意味。refuse は「断る」。

- **Well, I guess you deserve it.**（まあ、お世話になってるし）
You deserve it. は、この場合、「あなたは、私の手助けに値する」という意味で使われています。要するに、「日頃世話になっているからいいよ」という返事。

❸「そこまで言うなら、いいよ」というお返事！

All right, if you insist.（そこまで言うなら、いいけど）

どうしても頼みたい、大事だからお願い、と強く頼まれたときのお返事。if you insist は「あなたが（そこまで）主張するなら」の意。

- **All right, if it's that important to you, I'll do it.**
  （いいよ。君にとってそんなに重要ならやるよ）
  that important は「それほど重要」。
- **If it means that much to you, OK.**（それほど大事なことなら、いいよ）
  mean that much は「それほど多くを意味する」。

❹「いいけど、これは貸しだからね」と切り返そう！

All right, but you owe me.（いいけど、貸しにしとくからね）

仕方ないから手伝うけど、これはなにかの形で返してもらうよ、貸しにしておくよ、といったニュアンスが伝わる言い方。

- **I won't let you forget it.**（貸しを忘れないでよ）
  won't let you forget は「あなたに忘れさせはしない」という意味。これも、ちゃんと、今日の貸しを覚えておいてくれ、という意味で使うフレーズ。
- **All right, but I expect you to pay me back.**
  （いいよ、でもお返ししてくれよ）
  pay back は「払い戻す：返済する」。手伝うけれども、なんらかの形で、この恩に報いてくれよと、伝える言い方。

❺「これが最後だからね」ときっぱり言おう！

OK, but this is the last time.（いいよ。でもこれが最後だからね）

何度も同じような頼み事をする人などに向かって使いましょう。the last time は「最後」。

- **OK, but don't ask me again.**（いいけど、二度と頼まないでくれよな）
  ask me again は「再び依頼する」。
- **All right, but never again.**（いいけど、次はないから）
  never again は「再びは決してない」という意味。

❻「もうこりごりだ」と却下しよう！

I'm tired of your favors.（もうこりごりなんだよ）
be tired of ... は「…にうんざりしている」という意味。また、この場合の favors は「（相手からの）頼み事；願い事」という意味。

- **I've had enough of your favors.**（十分に君の頼みは聞いたよ）
  have had enough of ... は「…はもう十分だ；うんざりだ」という意味のフレーズ。この favors も「相手の頼み事」という意味で使われています。
- **You always say it's the last time.**
  （いつも、これで最後だからって言うじゃないか）
  it's the last time で「これで最後」という意味。always say は「いつも言う」ですね。

❼「ごめん、できないよ」と伝えよう！

Sorry, I don't think I can help you.
（ごめんね、手助けにはなれないと思うな）
自分にできないことは、はっきりと断るのがベストですね。そんな言い方もチェックしましょう。

- **Sorry, you're asking the wrong person.**
  （ごめん、私にはできないわ）
  「ごめんなさいね、あなたは間違った人に頼んでいるわ」が直訳。
- **Sorry, I wish I could help you, but I can't.**
  （ごめんね、手助けになればいいんだけど、私ではね）
  これも、自分にはできないので、ごめんね、という気持ちを含んだ言い方。I wish I could ... は「私に…できればいいのにな」という意味。

UNIT 38

「だれにも言わないでね」へのお返事!

「内緒の話なんだけど」「この話、だれにも言わないでよ」と、相手に切り出されたときは、ちょっとドキッとします。そんな場面で返す言葉を練習しておきましょう。「もちろん約束する」「約束まではできないかも」など、いろいろなパターンを身につけてください。

ここで覚えるお返事!

❶ I swear I won't tell anyone. (だれにも言わないって誓います)
❷ That is more than I can promise. (そこまでは約束できないよ)
❸ No exceptions? (ひとつの例外もなしにかい?)
❹ Maybe I shouldn't hear this. (たぶん聞かないほうがいいね)
❺ Sure, but I don't think it'll make any difference.
(もちろん。でも、黙っていてもすぐに広まるよ)

ダイアログでチェックしてみよう! CD 75

A: Did you hear about Bill?
B: No, what happened?
A: Actually, I'm not supposed to tell anyone. Can you promise to keep this a secret?
B: **I swear I won't tell anyone.**

A: ビルのこと聞いた?
B: いや、どうしたのさ?
A: 実はね、だれにも言っちゃいけないことになってるんだけど。秘密にするって約束できる?
B: **だれにも言わないって誓うよ。**

いろいろなお返事を覚えよう！　🎧 CD 76

❶「誓います」とはっきり約束する！

I swear I won't tell anyone.（だれにも言わないって誓います）
swear は「誓う」。I won't tell anyone は「私はだれにも言わない」。以下は、積極的に約束を守ると言いたいときのフレーズです。

- **I promise.**（約束します）
promise（約束する）は、まず覚えてほしい基本の動詞です。

- **You have my word.**（約束します）
直訳すると、「あなたは私の言葉をもっています」となりますね。この言い方でも、「約束します」という意味を表すことができます。

- **You have my word of honor.**（名誉に賭けて）
word of honor は「名誉に賭けた約束」。

- **My lips are sealed.**（絶対に言わないよ）
lips は「唇」。それが sealed（封印された）ということ。同じく約束する意を伝えます。

- **I'll keep a lid on it.**（ふたをしておくよ）
keep a lid on it は「そのうえにふたをする」、つまり「約束する」の意。

- **I won't tell a soul.**（だれにも言わないよ）
a soul は「魂」ではなく、「ひとりの人」という意味。「だれひとりにも言いはしない」＝「だれにも言わない」という意味になる言い方です。

- **Cross my heart (and hope to die).**（誓うよ）
「十字を切って誓う（うそだったら、死んでもいい）」ということ。日本語の「指切りげんまん」にあたる言い回しです。Cross my heart and hope to die. と最後まで言うと、ちょっと子供っぽい感じがします。

- **I never go back on my word.**（約束は破らないよ）
go back on は「約束などを翻して破る」という意味のフレーズ。

- **You can count on me.**（ご期待に添うよ）
count on ... は「…を頼りにする：あてにする：期待する」の意。「約束は守るから、頼りにしていいよ」ということ。

- **Your wish is my command.**（あなたのお心のままに）
アラジンのランプの精霊のような感じで、冗談で言うひとこと。「あなたの望みが、私の命令です」が直訳。

❷「そこまでは約束できない」と返事をしよう！

That is more than I can promise.（そこまでは約束できないよ）
自分では約束を守れそうにないときには、そのように相手に伝えることが必要です。ここでは、「無理だよ」「無理じゃないかな」という言い方をいくつか覚えておきましょう。more than I can promise は「私が約束できる以上」の意。

- **That's asking a lot.**（それは求めすぎだよ）
  直訳すると、「それはたくさんのことを求めている」となります。自分には約束できないことまで相手が求めていると思ったときに使える表現。
- **I don't know if I can promise you that.**
  （約束できるかどうかわからない）
  don't know if … は「…かどうかわからない」という言い方。

❸「絶対に話しちゃダメなの？」と聞き返そう！

No exceptions?（ひとつの例外もなしにかい？）
「ダメなのだろうけど、ホントにだれにも言っちゃダメなの？」と確認するお返事。
no exceptions は「ゼロの例外」＝「例外なし」という意味。

- **I can't tell anyone?**（だれにも言ってはダメなの？）
  ほんとうにだれにも言ってはいけないのか、再確認する表現です。
- **I can't even tell George?**（ジョージにも言ってはダメなの？）
  自分がとても親しくしている人にさえ言ってはダメなのか、と確認する言い方。

❹「やはり聞かないほうがいいかも」と伝えよう！

Maybe I shouldn't hear this.（たぶん聞かないほうがいいね）
shouldn't hear は「聞くべきではない」。大事なことなのだから、いっそ聞かないほうがいいし、君も言うべきではない、と返すひとこと。

- **Maybe you shouldn't tell me.**（たぶん、僕に話さないほうがいいよ）
  上の表現の逆の発想で同じことを表現する言い方。

- **Are you sure you want to tell me?**（ほんとうに話したいのかい？）
大事なことなのに、ほんとうに話していいのかと確認をとる言い方です。

❺「言わないけど、どうせ、すぐにバレるよ」と言おう！
Sure, but I don't think it'll make any difference.
（もちろん。でも、黙っていてもすぐに広まるよ）
make any difference は「違いはない」という意味。「黙っていても、結局、噂や秘密は広まるものだから、違いはない」ということ。同様の表現をいくつか紹介しておきます。

- **I can promise, but I'm sure everyone will find out eventually.**
（約束するけど、結局はみんなに知れることだよ）
eventually は「最終的に；結局は」の意。

- **I can promise, but it's bound to get out eventually.**
（約束するけど、結局は話が漏れることになるよ）
be bound to ... は「（遅かれ早かれ）…することになる」。get out は「（話などが）漏れる；知れる；伝わる」の意。

UNIT 39

「アドバイスもらえる?」へのお返事!

「アドバイスをもらえない?」「第三者の意見が聞きたくて」などと、意見を求められたときの返事を覚えましょう。「どうぞ、話してみて」「専門家ではないけどね」など、いろいろなバリエーションが登場します。

ここで覚えるお返事!

❶ Fire away.(言ってみて)
❷ What kind of advice?(どんな種類のアドバイス?)
❸ Hold on.(ちょっと待って)
❹ I'm not sure I'm the right person to ask.
(私でいいのかわからないけど)
❺ I'm no expert, but I can try.(私は専門家じゃないけど、いいわよ)
❻ Would you listen?(ちゃんと聞いてくれるの?)

ダイアログでチェックしてみよう!

CD 77

A: Can you give me some advice?
B: **I'm not sure I'm the right person to ask.**
A: I want a third-party opinion on something.
B: All right, **fire away**.

A: アドバイスをもらえる?
B: **僕が適当かどうかわからないけど。**
A: 第三者の意見が欲しいのよ。
B: わかった、**言ってみてよ。**

いろいろなお返事を覚えよう！ CD 78

❶「どうぞ話してみて」と促そう！

Fire away.（言ってみて）
fire away は「どんどん話す；質問する」という意味の熟語。相手の話を促す言い方のひとつです。

- **By all means.**（もちろん）
  by all means は「どんな手段ででも」が直訳。「もちろん」と気持ちよく請け合う感じで話しましょう。
- **Sure, go ahead.**（もちろん、どうぞ）
  これも、快く、相手の話を促す言い方。
- **Sure, I'd be happy to be of help.**（もちろん、よろこんで力になりますよ）
  I'd be happy to ... は「よろこんで…しますよ」という言い方。

❷「どんなアドバイス？」と返そう！

What kind of advice?（どんな種類のアドバイス？）
相手の求めているアドバイスが、どんなものなのか、最初にたずねておきたいのは人情ですね。

- **Regarding what?**（なにに関して？）
  regarding は「…に関する；…の点についての」の意。
- **What about?**（どんなこと？）
  About what?（なにについて？）と同じ意味の表現。どちらを使っても OK です。

❸「ちょっと待ってね」と保留しよう！

Hold on.（ちょっと待って）
手が離せないので、ちょっと待って、と伝えたいときには、これらの言い方で保留しましょう。

- **Can it wait?**（いまじゃなきゃダメ？）
「それは待てますか？」が直訳。「いまじゃなくてあとまで待てる話かな？」という意味合いで使います。
- **Maybe now is not the right time.**（いまはちょっと無理かも）
not the right time は「ふさわしい時間ではない」ということ。

❹ 「私でいいのかな？」と確認しておこう！
I'm not sure I'm the right person to ask.
（私でいいのかわからないけど）
「私が、質問をするのに妥当な人なのかわからない」が直訳。「アドバイスしてほしいって言うけど、私なんかでいいの？」と念を押しておく言い方です。

- **Are you sure you want to ask me?**（ほんとうに私でいいの？）
you want to ask me は「あなたは私にたずねたい」という意味。
- **Why me?**（どうして私なのよ？）
アドバイザーとして、なぜ自分が選ばれたのか、とたずね返す表現。
- **I'm not sure I can help you.**（手助けになるかどうかわからないわよ）
役に立たないと悪いので、前もって断っておきたいときに使いましょう。I'm not sure my advice would be of any help.（私のアドバイスが役立つかどうかわからないわ）という言い方もあります。
- **You're asking the wrong person.**（人選を間違っているわよ）
ask the wrong person は「間違った人物にたずねる」という意味。自分に聞いても解決しないと思うよ、と前もって伝えます。Maybe I'm the wrong person to ask.（たぶん、私にたずねるべきじゃないわ）というバリエーションもあります。
- **Maybe you should ask _____.**（たぶん…にたずねたほうがいいわよ）
下線部には、具体的な人物名を入れましょう。

❺ 「専門家じゃないけど…」と返事をしよう！
I'm no expert, but I can try.（私は専門家じゃないけど、いいわよ）
アドバイスしてもいいけど、ちゃんとした返事ができるかどうかわからない、ということを伝えるには、こんな言い方をしてもいいですね。

- **I'm no counselor.**（カウンセラーじゃないけどね）
  上手に相談に乗れるかどうかわからないときに、ちょっと冗談まじりに言ってみましょう。

---

❻「ちゃんと聞いてくれる？」とたずねよう！

Would you listen?（ちゃんと聞いてくれるの？）

「アドバイスしてもいいけど、ちゃんと聞くの？」という確認です。ふだん人の話をちゃんと聞かないような人へは、まず、こんなふうに釘を刺しておくことも必要ですね。

- **I'm not sure you'd take my advice.**
  （あなたが私のアドバイスを受け入れるとも思えないけど）
  take someone's advice は「…のアドバイスを（受け）入れる」の意。

- **I don't think you want to hear what I have to say.**
  （私が言うことを聞きたくはないんじゃないかと思うわ）
  what I have to say は「私が言うこと」「私の話」の意。アドバイスというよりも、ちょっとお小言になりそうなときに。

- **I don't think you'd listen.**（あなたが聞くとは思えないわ）
  相手が真剣にたずねていると思えないときには、こう言って釘を刺してみましょう。

UNIT 40

「迷ってるの」へのお返事!

なにかで迷っている相手への返事の言葉にもいろいろなパターンがあります。「自分だったら…するよ」といった返事もできますが、「君が自分で決めるべきだ」とすすめることもできますね。

ここで覚えるお返事!

❶ It's your decision.（君が決めるべきだよ）
❷ That's a tough call.（それは難しいね）
❸ Go with your heart.（思ったようにしたら）
❹ Do the responsible thing.（責任のある行動をしてね）
❺ Sometimes you have to take risks.
（時にはリスクを冒すことも必要だよ）
❻ If it were me, ...（私なら…だな）

ダイアログでチェックしてみよう!　CD 79

A: I don't know if I should go on this trip. Maybe I should call it off.
B: **It's your decision.**
A: Should I stay or should I go?
B: **If it were me**, I'd go.

A: 今回の旅行に行くべきかわからないわ。取りやめにしようかしら。
B: **それは君の選択だね。**
A: 行かないほうがいいかな？ 行くべきかな？
B: **もし僕なら**、行くけどね。

いろいろなお返事を覚えよう！ 🎧CD 80

❶「自分で決めるべきだよ」と進言しよう！

It's your decision.（君が決めるべきだよ）
「それはあなたの決断だ」が直訳。自分自身で決断しなさいと促す言い方です。The decision is yours.（決断は君のものだから）、That's for you to decide.（決めるのは君だから）なども同じです。

- **It's up to you.**（君次第だよ）
  up to ... で「…次第」という意味になります。
- **It's your call.**（君の判断だよ）
  call は「判断：決定」の意。スポーツの審判の判定も call と言います。
- **I can't make up your mind for you.**（僕が決断することはできないよ）
  make up your mind は「君の心を決める」。これも、自分のことは自分でしか決断できないよというアドバイス表現。
- **It's not my place to decide.**（それを決めるのは僕の役目じゃないよ）
  「決めるのは my place（自分の立場：持ち場）じゃない」とは、「決めるのは、自分の役目ではない」ということ。

❷「それは難しい選択だね」と言おう！

That's a tough call.（それは難しいね）
「tough（タフ）な call（判断）」とは、「難しい判断」のことですね。相手が判断に迷うほどのことなので、このような表現で、その気持ちにまず同調してみるのもいいですね。

- **That's a difficult decision.**（それは難しい決断ですね）
  difficult decision は「難しい決断」の意。
- **It's hard to say.**（難しいね）
  「それは言うのが難しい」が直訳。「それって、決めがたいよね」といったニュアンスです。

❸「自分の思うように」とアドバイスしよう！

Go with your heart. （思ったようにしたら）
直訳すると「あなたのハートに従って進みなさい」となります。「自分の思いどおりにするのがいいと思うよ」というアドバイス。

- **Do what you want.** （思いどおりにしなさい）
  what you want は「君の望むこと」。
- **Go with your gut feeling.** （感じたようにしなさい）
  gut とは「はらわた；内臓」のこと。「内臓の感じるようにしなさい」が直訳ですね。
- **Be honest with yourself.** （自分に正直にね）
  Be honest. は「正直になりなさい」という命令文。やはりこれも、自分の思ったとおりにね、というアドバイスのひとつです。
- **I think you already know what you want to do.**
  （あなたには、もうどうしたいかわかっているんじゃないかな）
  すでに、相手が心の中に答えをもっているように感じたら、こういう言い方もできますね。

❹「きちんとした行動をね」と伝えたい！

Do the responsible thing. （責任のある行動をしてね）
どういう決断をするにせよ、きちんとした決断をしてほしい、という意図を伝える言い方。responsible thing は「責任ある行動」。

- **Do the right thing.** （正しいことをやりなさい）
  right thing は「(不正ではなく道義に照らして) 正しいこと」。どう決断するにせよ、おかしな決断ではなく、正しい決断をしなさいよ、というニュアンス。
- **Do what you think is right.** （自分で正しいと思うことをやりなさい）
  what you think is right は「あなたが正しいと思うこと」の意。
- **Whatever you do, you should take responsibility for your actions.**
  （なにをするにしても、自分の行動に責任をもってね）
  Whatever you do は「あなたがなにをするにせよ」という意味になる条件文。take responsibility は「責任を取る」。

❺ 「怖いだろうけど、冒険したら」と言おう！

Sometimes you have to take risks.
（時にはリスクを冒すことも必要だよ）

なにかで消極的になっている人には、このようなアドバイスで返事をしてあげるのもいいでしょう。take risks は「リスクを取る；危険を冒す」の意。

- **No pain, no gain.** （痛みがなければ、得るものもないよ）
  何事も、苦痛や苦労がなければ、得られるものはない、と励ますひとこと。
- **You're just a little afraid, that's all.**
  （君は、ちょっと恐れているだけだよ）
  a little afraid は「少々恐れた」。..., that's all. は「それだけさ」といったニュアンス。
- **Life is short. Take a chance!** （人生は短いんだからやってみようよ！）
  take a chance は「やってみる；賭けてみる；勝負してみる」といった意味。
- **If you don't go, you'll regret it.** （行かないと、後悔するよ）
  後悔するよりも、やったほうがいいという激励のアドバイス。regret は「後悔する」。

❻ 「私だったら…」と切り出す表現！

If it were me, ... （私なら…だな）

自分の場合を取り上げて、どうするか説明する返事。If I were you, ...（私があなたなら…）も同じ言い方です。If it were me, I'd go.（私だったら、行くわ）のように使いましょう。

- **If it were my decision, ...** （私ならば…）
  「私の決断だったら…」が直訳。If it were my decision, I'd go.（私の決断ならば、行きますよ）のように言いましょう。

UNIT 41

「…したほうがいいよ」へのお返事！

今度はだれかに「…したほうがいいよ」などとアドバイスされたときの言い回しをチェックしていきましょう。相手のアドバイスが的を射ている場合、的外れな場合、いろいろな場合に対応するお返事を確認してください。

👍 ここで覚えるお返事！

❶ I needed someone to tell me that. (だれかにそう言ってほしかったの)
❷ I thought you'd say that. (そう言われると思ってたわ)
❸ I was afraid you'd say that. (そう言われるんじゃないかと思ってた)
❹ I could never do that. (そんなことできないわよ)
❺ Don't mince words. (遠回しに言わないで)
❻ If I need your advice, I'll ask for it.
（アドバイスがいるときは、私から頼むわ）

👍 ダイアログでチェックしてみよう！ 🎧 CD 81

A: To be honest, I think you guys should break up.
B: **I was afraid you'd say that.**
A: But you know I'm right.
B: Yeah, **I just needed someone to tell me.**

A: 正直なところ、あなたたち、別れたほうがいいわよ。
B: **そう言われるんじゃないかと心配してたんだ。**
A: 私が正しいってわかってるんでしょ。
B: うん、**単にだれかがそう言ってくれるのを待ってたんだと思う。**

188

Section 3

いろいろなお返事を覚えよう！　🎧 CD 82

❶ 「それが聞きたかったの」と返事をしよう！

I needed someone to tell me that.
（だれかにそう言ってほしかったの）

「私にそれを言ってくれるだれかが必要だった」が直訳。なかなか踏み切れずにいるときに、そうするようにとアドバイスをもらった場合などに。

- **I was hoping you'd say that.**（そう言ってくれるのを期待してたの）
  自分の期待していたことと同じアドバイスを相手が与えてくれたときには勇気がもらえるもの。そんなときには、このフレーズで返事をしましょう。

- **That's just what I wanted to hear.**
  （ちょうどそういうアドバイスが聞きたかったの）
  just what I wanted to hear は「ちょうど私が聞きたかったこと」。

- **I'm glad you feel that way.**（あなたもそう感じてくれていてうれしい）
  相手が、自分と同じような気持ちや考えでいることが、アドバイスの言葉からわかったときに。you feel that way は「あなたが、そんなふうに感じている」。

❷ 「そう言われると思ってた」という返事！

I thought you'd say that.（そう言われると思ってたわ）
あなたならきっとそういうアドバイスをくれるだろうと思っていた、という意味の返事。

- **That's what everyone says.**（みんなに同じことを言われるの）
  直訳は、「それって、みんなが言うこと」。悩んでいるときに、だれもが同じことをアドバイスしてくれることは、よくありますね。そんなときのひとことです。

- **Everyone says the same thing.**（みんな同じことを言うの）
  the same thing は「同じこと」。大勢の人が同じアドバイスをするのだから、的を射たものに違いありませんね。

❸「それは聞きたくなかった」という返事！

I was afraid you'd say that.
（そう言われるんじゃないかと思ってた）
「あなたがそう言うんじゃないかと恐れていた；心配だった」が直訳。

- **That's not what I wanted to hear.**（それは聞きたくなかったのよ）
あることをすべきなのはわかっていても、そうできない理由があって迷っているときに、ずばり相手にそれを言われてしまった。そういった状況で使います。
- **I was hoping you'd say something else.**
（なにか別のことを言ってくれると期待してたけど）
you'd say something else は「あなたが、なにかほかのことを言ってくれるのではないかと」という意味。期待に反して、やはり恐れていたとおりのアドバイスが、相手の口から出てきたときに。

❹「それは絶対できない」と却下しよう！

I could never do that.（そんなことできないわよ）
相手のアドバイスが現実的ではない、あるいは実行不可能といった場面でのお返事。

- **There's no way I could ever do that.**（そんなこと絶対しないわよ）
There's no way ... は「…なんてあり得ない」という意味。
- **You're asking too much.**（それは無茶よ）
「あなたは多くを求めすぎている」が直訳。相手が、自分にできそうにないことまでアドバイスしている、と思ったときに使いましょう。
- **How could I possibly do that?**（どうやったら、そんなことができるのよ）
「どのようにすればそれをすることが可能になの？」が直訳。これらのほかに、You're kidding.（冗談でしょ）、Give me a break.（冗談はやめてよ）、That's ridiculous.（バカげてるよ）などの言い方でも、相手のアドバイスが突拍子もないことだという意図を伝えることができます。

❺「もっとストレートに言って」という返事！

Don't mince words. （遠回しに言わないで）

mince words は「言葉をすりつぶす」が直訳ですが、実際は「言葉を選んで遠回しに話す」という意味。相手がお茶を濁しながら遠回しにアドバイスをくれているときなどに、「もっとはっきり言ってよ」といったニュアンスで返す言葉。

- **Tell me what you really think.** （ほんとうに思っていることを話してよ）
  相手のほんとうの気持ちを引き出したいときには、こういう言い方もできますね。what you really think は「あなたがほんとうに思っていること」。

- **You're being too nice.** （あなたはやさしすぎるわ）
  やさしいことばかり言ってくれて、それはそれでうれしいけど、もうちょっと辛口にほんとうのことを言ってほしい。そんな気持ちで。

❻「余計なお世話だ」と撃退しよう！

If I need your advice, I'll ask for it.
（アドバイスがいるときは、私から頼むわ）

相手が、頼みもしないのに不要な口出しをしてきたときに使えるフレーズ。

- **Mind your own business.** （口出ししないでよ）
  直訳は「自分のことを気にしていなさい」。やはり相手に口出ししてほしくない場面で使いましょう。

- **Did I ask you for your advice?**
  （アドバイスしてほしいなんて、言ったっけ？）
  これも、アドバイスしてくれとは、ひとことも言ってない、と主張するフレーズ。

UNIT 42

「頼りにしてるよ」へのお返事!

相手から、「君を頼りにしている」と、信頼の言葉を投げかけられることもよくあります。そういった場面での、上手な受け答えをチェックしてみましょう。「がんばります」のほかにも、「プレッシャーに弱いんだよ」など、個性的な返事もチェックしてください。

👍 ここで覚えるお返事!

❶ I'll do my best.（ベストを尽くします）
❷ Leave it to me.（任せて）
❸ It's in the bag.（任せてください）
❹ Wish me luck.（幸運を祈ってください）
❺ Don't expect too much.（あまり期待しないでください）
❻ I don't handle pressure well.（プレッシャーに弱いんですよ）

👍 ダイアログでチェックしてみよう!

CD 83

A: We're counting on you.
B: **Don't expect too much.**
A: I'm sure you'll do fine. You're our best salesperson.
B: **I can't promise anything**, but **I'll do my best.**

A: 君を頼りにしてるよ。
B: **期待しすぎないでくださいね。**
A: 君なら上手にできるって信じてるよ。君は、うちでは最高の営業員なんだから。
B: **なにもお約束はできませんけど、ベストは尽くします。**

いろいろなお返事を覚えよう！

❶「がんばる；がんばります」と返事をしよう！

I'll do my best.（ベストを尽くします）
do one's best で「ベストを尽くす」。I'll try my best.（ベストを尽くしてみます）も類似表現です。

- **I'll give it my best shot.**（ベストを尽くします）
上の表現の変形版。my best shot は my best と同じ意味です。

❷「任せて」と請け合おう！

Leave it to me.（任せて）
「それを私のところに置いておいて」が直訳。相手の信頼に応えて、自信をもって請け合うときの言い方。

- **Let me handle it.**（私がなんとかしますよ）
handle は「うまく処理する」。私がうまく処理するから、任せておいて、と自信をもって答える言い方。

- **I've got it all taken care of.**（すべて私が面倒みますから）
take care of it は「その面倒をみる；それを取り計らう；それを始末する」。文全体では、「私は、それをすべて始末された状態でもっている」となります。要するに、「もう始末したも同然」ということ。「すべて私が面倒をみますから」と。かなり自信ありげなニュアンスのお返事です。

- **I won't let you down.**（がっかりはさせませんよ）
let you down は「あなたをがっかりさせる」。

- **You will not be disappointed.**（がっかりはさせません）
これも相手をがっかりさせないと言うときの、別の言い方。be disappointed は「がっかりさせられる」。

- **Your faith is not misplaced.**（信頼を損ねることはありません）
faith は「信頼」。misplace は「置き違える」。「あなたの信頼は変なところに置いてはきませんから大丈夫です」といったニュアンス。

- **You ain't seen nothing yet.**（これから、すごいことをやっちゃうよ）
  スラング表現。「君はまだなにも見てはいない」→「おれはまだまだ本領を発揮していないんだよ」という感じ。

❸「かんたんだよ」と請け合う返事！

It's in the bag. （任せてください）
in the bag は「確実だ」という意味。確実にやりますから信頼して任せてくれてOK です、と請け合う言い回し。いくつかの表現はユニット45でも紹介しますので、そちらもチェックしましょう。

- **Piece of cake.**（朝飯前ですよ）
  直訳は「ケーキひと切れ」。ケーキひと切れのレベル＝かんたん、という意味。
- **No problem.**（問題ないですよ）
  no problem は「問題がまったくない」という意味。
- **No worries.**（心配ありません）
  worry は「心配」の意。

❹「幸運を祈って」と頼んでみよう！

Wish me luck. （幸運を祈ってください）
がんばりますから、あなたは私の幸運を祈っていてください、と伝える言い回し。

- **Keep your fingers crossed.**（私の幸運を祈っていて）
  keep one's fingers crossed は「指をクロスさせる」が直訳。幸運を祈るときのおまじないです。
- **Let's hope I get lucky.**（幸運を祈りましょう）
  「私が幸運になるように祈りましょう」が直訳。あることが成功すれば、会話中のふたりともの利益になるような場面で。

❺「あまり期待しないで」と返事をしよう！

Don't expect too much.（あまり期待しないでください）
信頼や期待を受けているけれど、あまり自信がないときなどに。expect too much は「多くを期待しすぎる」という意味。

- **I can't promise anything.**（なにも約束はできませんよ）
  promise は「約束する」。相手の期待に添えないかもしれない、と伝える言い方。
- **I wish I were as confident as you.**
  （あなたほど自信があればいいんですが）
  as confident as ... は「…と同じくらい自信がある」という意味。

❻「プレッシャーに弱いんだ」と打ち明けよう！

I don't handle pressure well.（プレッシャーに弱いんですよ）
信頼の言葉などを言われると、かえってプレッシャーになるので、よしてくださいよ、というニュアンス。handle pressure well は「プレッシャーを上手に扱う」。

- **I don't perform well under pressure.**
  （プレッシャーがあるとうまくいかないんですよ）
  under pressure は「プレッシャーがかかっていると」という意味。perform well は「うまく動く：やる」という意味。
- **Don't pressure me.**（プレッシャーをかけないでくださいよ）
  pressure は「プレッシャーをかける」。

UNIT 43

「ダメじゃない！」へのお返事！

「ダメじゃないか」「しっかりして！」などとしかられたときの返事をチェックしましょう。もちろん、「すみません」と、しっかり謝ることも必要ですが、多少は言い訳の表現なども覚えておきたいものですね。

ここで覚えるお返事！

❶ I'm very sorry.（ほんとうにすみません）
❷ You're absolutely right.（あなたのおっしゃるとおりです）
❸ I accept full responsibility.（完全に私の責任です）
❹ I'll make sure this doesn't happen again.
（絶対にこういうことはしませんので）
❺ I'm sure I'll do better next time.
（次は絶対もっとうまくやります）
❻ I don't mean to make excuses, but ＿＿＿.
（言い訳はしたくないのですが…）

ダイアログでチェックしてみよう！　CD 85

A: Yoko, this report is full of mistakes.
B: **I don't mean to make excuses,** but it was a rush job.
A: You need to do better than this.
B: **I'll make sure it doesn't happen again.**

A: ヨーコ、この報告書、間違いだらけじゃないか。
B: **言い訳したいわけじゃないけど、**急ぎの仕事だったから。
A: もっときちんとやるべきだよ。
B: **もう二度とこんなことがないようにするわ。**

いろいろなお返事を覚えよう！

❶「申し訳ありません」と謝罪しよう！

I'm very sorry.（ほんとうにすみません）

きちんと謝るときには、この言い方を使いましょう。次の２表現とともに、ビジネスでも使える言い方です。

- **Please accept my sincere apologies.**（心からお詫びします）

  特にていねいに謝りたいなら、この言い方を使いましょう。かなりかしこまった口調になります。

- **Sorry for doing such a lousy job.**（だらしない仕事をしてすみません）

  lousy は「だらしのない」。doing such a ... 以降を、いろいろと置き換えて使いましょう。

  ・Sorry for being so careless.（不注意ですみません）
  ・Sorry for not checking with you in advance.（前もってたずねずにすみません）

❷「おっしゃるとおりです」と下手に出よう！

You're absolutely right.（あなたのおっしゃるとおりです）

自分に非があって、相手が怒っているときには、下手な言い訳は無用ですね。きちんと非を認めて頭を下げましょう。absolutely は「完全に」。

- **I know, I did a terrible job.**（ひどい仕事をしたと、わかっています）

  これも反省のセリフとして、覚えましょう。terrible は「ひどい」。

- **Sorry, I've been slacking off recently.**

  （すみません。最近たるんでいました）

  slack off は「たるむ；怠ける」という意味のフレーズです。recently は「最近；このところ」。

❸「私の責任です」と、非を認めよう！

I accept full responsibility.（完全に私の責任です）

❷ のフレーズとともに、自分の責任を認める表現をつけ加えることも必要かもしれません。場合に応じて使ってみましょう。accept は「受け入れる」、full responsibility は「完全な責任」。

- **I'm completely to blame.**（完全に私の落ち度です）
  be to blame は「責められるべきだ」という意味。「(私に落ち度があるので) 完全に私が責められるべきです」という意味合い。
- **This is entirely my fault.**（完全に私の落ち度です）
  entirely は「完全に」。my fault は「私のミス：落ち度：失敗」の意。

❹「もう二度としません」と保証しよう！

I'll make sure this doesn't happen again.
（絶対にこういうことはしませんので）

反省の弁のあとは、今後どうするのか、きちんと自分の意志を伝えることが必要ですね。いくつかそういった表現を紹介しましょう。I'll make sure ... は「しっかり手当てして確実に…するようにします」という意味。

- **This won't happen again.**（二度とこんなことはしません）
  センテンスの直訳は、「こんなことは二度と起こりません」となります。
- **I assure you this will never happen again.**
  （二度とないと保証します）
  assure は「保証する」。

❺「次は大丈夫ですから」と保証しよう！

I'm sure I'll do better next time.（次は絶対もっとうまくやります）

❹ とはちょっと違った切り口から、相手を安心させるひとこと。過去のことではなく、今後のことに話の焦点を当てた言い方です。do better next time は「この次はもっとよくやる」。

- **You can count on me.**（信頼してください）
  count on ... は「…を頼りにする；あてにする」。
- **No worries. I know I can do better.**
  （心配しないでください。もっとちゃんとやれますから）
  自分はもっときちんとやれる、とアピールする言い方。No worries. は「心配無用ですよ」という意味合い。

❻ 言い訳の返事を切り出す表現！
I don't mean to make excuses, but _____.
（言い訳はしたくないのですが…）
don't mean to ... は「…するつもりではない」という意味。make excuse は「言い訳をする」。あまり言い訳はいいものではないですが、多少の言い分はこちらにもありますね。そんなときには、遠慮せずに状況を伝えておくことも大切です。
- I don't mean to make excuses, but I've been really busy the last couple days.
  （言い訳はしたくないのですが、この数日、とても忙しくて）

- **For what it's worth, I _____.**（判断はお任せしますが、…）
  「それがなにに値するか」が直訳。これから私が言うことの価値判断はあなたに委ねますが…、という、言い訳の意味の前置き表現。
  - For what it's worth, I have been under a lot of stress lately.
    （判断はお任せしますが、最近すごいストレスを抱えているんです）
- **I understand that you're upset, but _____.**
  （ご立腹はわかりますが…）
  相手の気持ちを察しながら、言い訳の言葉をつなぐ言い方。下線部に入れられる言い方をいくつか紹介しておきます。
  - ... there's nothing we can do at this point.
    （いまの段階でできることはなにもありません）
  - ... I assure you this will never happen again.
    （こんなことは二度と起こらないようにしますので）
  - ... this is a problem that can be easily fixed.
    （これはかんたんに修復できる問題です）
  - ... look on the bright side.（物事のよい面を見ましょうよ）

UNIT 44

「ダメだった」へのお返事!

なにかで失敗した、などと落ち込んでいる相手の言葉への返事をチェックしてみましょう。「残念だね」「元気を出して」など、思いやりのこもった言い方や、元気をアップさせる言葉を覚えておくと、いざというときにも困りません。

👍 ここで覚えるお返事!

❶ I'm sorry to hear that.（それは残念だね）
❷ Cheer up!（元気を出しなよ）
❸ It's not the end of the world.（世界の終わりってわけじゃないよ）
❹ Don't let it get you down.（そのことであまり気に病まないで）
❺ You'll have another chance.（またチャンスがあるよ）
❻ Don't blame yourself.（自分を責めないで）

👍 ダイアログでチェックしてみよう! 🎧 CD 87

A: I'm going to have to shut down my business.
B: **I'm sorry to hear that.**
A: My life is ruined.
B: Come on, **it's not the end of the world.**

A: 仕事を畳まなきゃならないんだ。
B: **それは残念ね。**
A: 僕の人生もうダメだ。
B: 大丈夫よ。**この世の終わりじゃないんだから。**

👍 いろいろなお返事を覚えよう！　　🎧 CD 88

❶「残念だね」と同情しよう！

I'm sorry to hear that.（それは残念だね）
「それを聞いて残念に思います」が直訳。相手の気持ちに共感する言い回しです。

- **That's too bad.**（それはお気の毒だったね）
  too bad は「とても残念な」。
- **That's unfortunate.**（運が悪かったね）
  unfortunate は「運の悪い」。相手の失敗をやさしく捉え直してあげることができるひとことですね。

❷「元気を出して」と応援しよう！

Cheer up!（元気を出しなよ）
cheer up は「元気を出す」。元気のない人にかけてあげる言葉の代表格です。

- **Lighten up.**（元気出して）
  「心を軽く明るくして」といったニュアンスの言い方。
- **Look on the bright side.**（悪いほうに考えないで）
  look on the bright side は「（物事の）よい面を見る」。ポジティヴに考えて過ごしましょう、と声をかけてあげる言い方。たいていは、こう言ったあとで、なにかポジティヴなコメントを加えます。例えば、You've learned a lot from this experience.（経験からたくさん学べたじゃないか）といったコメントです。

❸「世界の終わりじゃないよ」と励まそう！

It's not the end of the world.（世界の終わりってわけじゃないよ）
まるで世界の終わりでも来たかのように落ち込んでいる相手に、かけてあげる言葉。いまはつらいけど、そのうちいいことがあるよ、といった含みで言いましょう。

- **Let's put things in perspective.**（視野を広くしてみようよ）
  put things in perspective は「広い視野でものを見る」の意。もっと広い視野で自

分や周囲を眺め直せば、違ういい考えも生まれるよ、と伝える言葉。You need to put things in perspective. という言い方もできます。

- **In the grand scheme of things, it's not such a big deal.**
（大きく見れば、それほどたいしたことじゃないよ）
grand scheme は「大きな枠組み；仕組み」。いま悩んでいることも、もっと大きな視点、枠組みで見れば、たいしたことではないと慰める言い回しです。

❹「あまりがっかりしないで」と慰める！

Don't let it get you down.（そのことであまり気に病まないで）
let it get you down は「それにあなたを落ち込ませる」が直訳。You shouldn't let it get you down.（落ち込んじゃダメだよ）も同じです。

- **Don't be so discouraged.**（がっかりしないで）
discouraged は「がっかりさせられた」という意味の形容詞。
- **Don't be so depressed.**（そんなに落ち込まないで）
depressed は「落ち込んだ；憂鬱になった；意気消沈した」の意。

❺「またチャンスがやってくるよ」という激励！

You'll have another chance.（またチャンスがあるよ）
another chance は「もうひとつ別のチャンス」の意。今回はダメだったが、またがんばればチャンスが巡ってくるよ、と伝える言い方。

- **Another chance will come along.**（ほかのチャンスがやってくるよ）
come along は「やってくる；現れる」の意。
- **I'm sure you'll do better next time.**（次はもっとうまくいくさ）
do better next time は「次にはもっとうまくやる」。相手の力を信じていると伝えて激励します。
- **With your skills and talent, I'm sure you'll manage.**
（君の才能なら、なんとかなるよ）
skills and talent は「スキル（技能）と才能」。manage は「なんとかやってのける」。

❻「あまり自分を責めないで」と慰めよう！

Don't blame yourself. (自分を責めないで)

blame oneself は「自分自身を責める」。いろいろなことが原因で、あなただけが悪いわけじゃないのだから、自分だけを責めるのはやめなさい、と伝える言い方です。

- **Don't beat yourself up about it.** (自分を責めないで)
  beat up も「責める」の意。

- **Don't be so hard on yourself.** (自分にきつく当たらないで)
  be hard on ... は「…にきつく当たる」。

UNIT 45

「がんばって!」へのお返事!

「がんばって!」と、ネイティヴに声援を送られたとき、Thanks.（ありがとう）だけですませていませんか？「うん、がんばるよ！」「心配するな」「大丈夫」などなど、いろんな受け答えを覚えて、相手の期待と声援に応えられるようになりましょう！

👍 ここで覚えるお返事!

❶ I'll give it my best shot.（ベストを尽くすよ）
❷ It's in the bag.（大丈夫！）
❸ I've done everything I can.（できることは全部やったから）
❹ Thanks, I'll need it.（ありがとう、あとは運次第だよ）
❺ I've got nothing to lose.（失うものはなにもないよ）

👍 ダイアログでチェックしてみよう! 🎧 CD 89

A: Good luck on your TOEIC exam!
B: **Thanks, I'll need it.**
A: I'm sure you'll do fine.
B: **I'll give it my best shot.**

A: TOEICのテスト、幸運を祈ってるわ！
B: **そうだね。あとは運次第かな。**
A: あなたならうまくいくわよ。
B: **ベストを尽くすよ。**

いろいろなお返事を覚えよう！

❶「頑張ります」と言おう！

I'll give it my best shot.（ベストを尽くすよ）
give it my best shot は「それに自分のベストを尽くす」という意味。it はこのユニットのダイアログで言えば、TOEIC exam のことですね。

- **I'll try my best.**（ベストを尽くしてみるよ）
  これも上とほぼ同じ内容になるセンテンス。try は「試みる：チャレンジする」。I'll do my best.（ベストを尽くします）も類似表現です。

- **I'm not expecting much, but I'll do my best.**
  （多くは期待してないけど、ベストは尽くすよ）
  前置き表現を加えた言い方。expect much は「多くを期待する」。

❷「絶対に大丈夫！」と自信を伝えよう！

It's in the bag.（大丈夫！）
「それはカバンの中に入っている」が直訳。「それ」は「勝利」や「いい結果」などのことですね。自信のこもった返事の仕方ですね。

- **I'm sure I'll do fine.**（大丈夫さ）
  「うまくいくと確信している」が直訳。これも自信を伝える返事のひとつ。

- **Piece of cake.**（朝飯前だよ）
  「ケーキひと切れ」とは、つまり「かんたんなこと」「朝飯前なこと」という意味。「かんたんなことだから心配ないよ」というニュアンスを伝えます。

- **It'll be a cinch.**（楽勝だよ）
  cinch も「楽勝；朝飯前のこと」という意味。発音は「シンチ」。

- **No problem.**（問題ないよ）
  「ゼロの問題」「問題はまったくない」が直訳。

- **No worries.**（心配ないよ）
  「ゼロの心配」「心配はまったくない」が直訳。

- **The game is ours to lose.**（こっちのものさ）
  スポーツの試合に関して使う表現。「試合（ゲーム）はこっちのものだ」という意味

で使います。万一負けるとしても、それはこちらに問題があるからで、相手が強いからではない、というニュアンスが含まれています。

❸「やることはやった」というお返事！
I've done everything I can.（できることは全部やったから）
なにかの準備でできることは全部やった。だから大丈夫、あまり心配しないで、というニュアンス。everything I can は「私にできるすべてのこと」。

- **Whatever happens, it won't be for lack of trying.**
 （どうなったとしても、努力はしたんだ）
 直訳は「なにが起ころうとも、それは努力の欠如のせいではない」ということ。上の表現と同じく、「やることはやったのだ」という内容を伝える言い方。

- **Even if I get a bad score, it won't be for lack of preparation.**
 （成績が悪かったとしても、準備不足のせいではない）
 これも同上のパターンの言い回し。bad score は「悪い得点；成績」。lack of preparation は「準備不足；準備の欠如」。

❹「あとは運に任せるしかない」と返事をしよう！
Thanks, I'll need it.（ありがとう、あとは運次第だよ）
ダイアログにも登場しましたが、Good luck on your ...（…の幸運を祈っているよ）という言い回しへの返事です。I'll need it. の it は「幸運」のこと。全体を直訳すると、「ありがとう、僕にはそれ（幸運）が必要だ」となります。

- **Thanks, I'll keep my fingers crossed.**
 （ありがとう、自分でも幸運を祈ってる）
 英語では、人差し指と中指をクロスさせると、うまくいくようにと幸運を祈るジェスチャーになります。それを言葉にしたのが、この keep my fingers crossed ですね。「自分の幸運が逃げないように、指をクロスさせるおまじないをして祈っている」ということです。相手に向かって「幸運を祈っていてね」と言うときには、Keep your fingers crossed.（[あなたの指をクロスさせて] 幸運を祈っていてね）という言い方をします。

- **Thanks, let's hope luck is on my side.**
（ありがとう。ぼくのほうに運が向くのを祈ろう）
let's hope は「望みましょう」。on my side は「自分の側」。
- **I'll accept whatever happens.**（どうなったとしても受け入れるよ）
「結果がどうなっても文句はない、それを受け入れるよ」という含みの言い回し。
- **It's up to fate.**（運命次第だね）
fate は「運命」。up to ... は「…次第」という意味の熟語です。
- **At this point, all I can do is pray.**
（もうこの時点では、祈ることしかできないよ）
「もうやることはやったから、あとは祈るだけ」という含み。all I can do は「私にできるすべてのこと」。

❺「失うものはない」と、きっぱりと！

I've got nothing to lose.（失うものはなにもないよ）
「もういまが最悪でギリギリの状態だから、これ以上失うものはない。あたって砕けろだ！」といった、開き直ったニュアンスの言い回し。

- **I can't do any worse than I did last time.**
（前回より悪くなることはないさ）
前回のひどい結果を受けて、それ以上悪くなることはない、という開き直りのひとこと。can't do any worse than ... は「…より悪くすることはできない」の意。
- **It can't get any worse than before.**（前より悪くなることはないよ）
これも、ひとつ上とほぼ同じニュアンス、内容のお返事ですね。

UNIT 46

「やった！；できた！」へのお返事!

「やった！」「成功した！」とよろこんでいる相手に返す言葉を覚えましょう。もちろん「おめでとう！」のひとことは基本ですが、そのほかにも、「君ならできると思ってた！」「お祝いしよう！」といった言い方もありますよ。

👍 ここで覚えるお返事!

❶ Congratulations!（おめでとう！）
❷ Good job!（よくやったね！）
❸ Wow, that's great!（うわー、すごい！）
❹ You're kidding.（うっそー）
❺ I knew you could do it.（できると思ってたよ）
❻ I didn't think you had it in you.
　（あなたにそんな可能性があるなんて考えてもみなかったわ）
❼ Let's celebrate!（お祝いしよう！）

👍 ダイアログでチェックしてみよう!

A: I passed the exam!
B: **You're kidding.**
A: No, I'm serious! The notice came in the mail today.
B: **Congratulations! I knew you could do it.**

A: 試験に合格したわ！
B: **うっそー！**
A: いや、ほんとうなの！今日、メールで知らせが届いたのよ。
B: **おめでとう！君ならできると思ってたよ！**

いろいろなお返事を覚えよう！

CD 92

❶「おめでとう」とお祝いしよう！

Congratulations!（おめでとう！）
おめでたいときなら、まずはこのセリフでお返事をして、相手といっしょによろこびを分かち合いましょう！

● **Good for you!**（よかったね！）
「あなたにとってよかったね」が直訳。これも相手の成功をよろこぶお返事のひとつです。

❷「よくやった」と言おう！

Good job!（よくやったね！）
なにかが上手にできたね、うまくいったね、とほめるときの返事。くだけているので、上司に言うときには、もっと客観的かつ大げさにほめる感じに、You did a fantastic job.（すばらしいお仕事をしましたね）のように言うほうがいいでしょう（以下の2表現も同じです）。

● **Well done!**（よくやった！）
「うまくなされた」が直訳。これも相手がなにかをうまくやったときのくだけたほめ言葉です。

● **You deserve it.**（君なら［合格して］当然だね）
deserveは「…に値する」。この場合は「合格に値する」ということ。これも、お祝いの言葉の一種です。

❸「すごいね！」と驚こう！

Wow, that's great!（うわー、すごい！）
wowは「うわあ」と驚く感じ。驚きながら相手をほめちぎる表現の仕方です。

- **That's wonderful.**（すばらしい）
  wonderful は、日本語の「すばらしい」に近い響き。
- **That's amazing.**（すごい）
  amazing は「驚くほどすばらしい」といった響きの形容詞。

❹「うっそー！；ほんと？」という返事！
You're kidding.（うっそー）
「冗談で言ってるんだろう？」「うっそー」というニュアンス。

- **Really?**（ホントなの？）
  「ほんとう？」「ホントなの？」と驚くひとこと。
- **Are you serious?**（マジ？）
  直訳は「真剣ですか？」ですが、「マジなの？」「ほんとうなの？」といった意味合い。
- **No way!**（あり得ないよ！）
  No way! は「あり得ない！」と驚くときのひとこと。
- **Get out of here!**（またまたー）
  「ここから出て行け」が直訳。相手の言葉が信じられないときに冗談めかして「またまたー」という感じで言いましょう。

❺「できると思ってた」とほめよう！
I knew you could do it.（できると思ってたよ）
「あなたにはそれができると、私にはわかっていた」ということ。これも、相手がなにかを成し遂げたときに使うほめ言葉です。

- **I knew you had it in you.**（君にはできると思ってたよ）
  直訳は「君が君自身の中にそれをもっていると知っていた」。君にはそれができる才能があると知っていたという意味になります。
- **All your hard work has finally paid off.**
  （君のがんばりが報われたね）
  paid off は「支払われた」、つまり「報われた」という意味。

- **I'm not surprised.**（そうだろうとも）
「僕は驚かないよ」が直訳。相手がそうなって当然だと思っていた、と伝える言い方です。

❻「過小評価してたよ」とほめるお返事！
I didn't think you had it in you.
（あなたにそんな可能性があるなんて考えてもみなかったわ）
ポジティヴに相手に驚きの才能があったんだなと感心する言い方。以下の３表現も同様のニュアンスで使えます。

- **I underestimated you.**（あなたを過小評価していたよ）
underestimate は「過小評価する」の意。
- **To be honest, I didn't think you could do it.**
（正直言って、あなたにできるとは思ってなかったわ）
- **Wow, I'm impressed.**（わあ、すごいね）
impressed は「感心させられた」という意味。相手が思いもよらないことを成し遂げたときに。

❼「祝福しよう」と返そう！
Let's celebrate!（お祝いしよう！）
「お祝いしましょう」と、シンプルにうれしそうに言いましょう。We have to celebrate.（お祝いしなきゃね）という言い方もします。

- **This calls for a celebration.**（これはお祝いね）
「これはお祝いが必要ね」が直訳。call for ... は「…を要求する；必要とする」といった意味。

UNIT 47

「やったね!；よくやった!」へのお返事!

「よくやったね」「いい仕事だった！」「さすが」とほめられたら、どんな返事をすればいいでしょうか？「君のおかげだ」「楽勝ですよ」「それほどでも」など、色とりどりの反応表現を覚えると、会話がどんどん楽しくなります。

👍 ここで覚えるお返事！

❶ I couldn't have done it without you.
（あなたなしでは、できませんでした）
❷ Coming from you, that means a lot.
（あなたにそう言ってもらえて、うれしいです）
❸ Oh, it was nothing(, really). （いや、なんでもないことですから）
❹ Thanks. It was a piece of cake. （ありがとう。楽勝ですよ）
❺ Thank you for your support. （サポートしてくれてありがとう）
❻ Thanks, you didn't do so bad yourself.
（ありがとう、君もよくやったよ）
❼ Actually, I think I could have done better.
（実は、もっとうまくできたと思うんです）

👍 ダイアログでチェックしてみよう！　　CD 93

A: Well done.
B: **Oh, it was nothing.**
A: Don't be so modest. You did a great job.
B: Thanks. **I couldn't have done it without you.**

A: よくやったね。
B: **いえ、それほどでも。**
A: 謙遜するなよ。すばらしいよ！
B: ありがとう。**あなたなしではできませんでしたよ。**

いろいろなお返事を覚えよう！

CD 94

❶「お陰さまです」的な返事をしよう！

I couldn't have done it without you.
（あなたなしでは、できませんでした）
couldn't have done it は「それをできなかったでしょう」という仮定表現。
without you は「あなたなしでは」。

- **I owe it all to you.**（全部あなたのおかげですよ）
  owe は「…に負っている」。owe it all to you は「それ全部をあなたに負っている」、つまり「それは全部、あなたのおかげだ」ということです。

- **I have a good teacher.**（すばらしい先生のおかげですよ）
  相手のことを「すばらしい先生」とほめる表現。機転の利いたおもしろい言い方ですね。

❷「（そう言ってくれて）ありがとう」と言おう！

Coming from you, that means a lot.
（あなたにそう言ってもらえて、うれしいです）
ほめ言葉への感謝のお返事。「あなたからおほめの言葉をもらえたことは、すごく大きな意味があることです」が直訳。

- **It's nice of you to say that.**（そう言ってくれてありがとう）
  it's nice of you ... は「…してくれるなんてやさしいですね［ありがとう］」という意味のフレーズ。

- **I'm flattered.**（うれしいです）
  flattered は「ほめられてうれしく思う」という意味。ほめ言葉に対する、自分のうれしい気持ちを表す言い方です。

- **Thank you for your kind words.**（親切な言葉をありがとうございます）
  kind words は「親切な言葉」。

❸「たいしたことはありませんよ」と言おう！

Oh, it was nothing(, really).（いや、なんでもないことですから）
nothing は「なんでもないこと」。really は「実際には」。自分のしたことなど、たいしたことはないのですと謙遜する言い回しです。

- **Oh, it's no big deal.**（たいしたことありませんよ）
  これも同じような意味合いで使えるひとこと。no big deal は「たいしたことない」の意。

- **I was just lucky, that's all.**（運がよかっただけですよ）
  just lucky は「ただ運がいい」、that's all は「それだけだ」という意味。「運がよかっただけで、それ以上のものではないんです」と謙遜する言い方。

❹「楽勝だったよ」という返事！

Thanks. It was a piece of cake.（ありがとう。楽勝ですよ）
a piece of cake は「かんたんなこと；楽なこと」という意味。

- **It was a breeze.**（楽勝でしたよ）
  breeze は、もともとは「そよ風」の意。転じて、「とても扱いやすい物事」「かんたんなこと」という意味で使われています。

- **It was a cinch.**（楽勝でしたよ）
  cinch（シンチ）も「楽勝なこと；かんたんなこと」の意。

❺「応援ありがとう」と答えよう！

Thank you for your support.（サポートしてくれてありがとう）
成し遂げるまでの間に相手がくれた応援に感謝する返事もあります。ビジネスでもカジュアルでも使える便利な言い方です（次の表現も同じ）。

- **Your support means a lot to me.**（あなたのサポートのおかげです）
  直訳すると、「あなたのサポートが私にはとても大きな意味がありました」となります。mean a lot は「大きな意味をもつ」。

❻「君もよくやったじゃないか」と返そう！
Thanks, you didn't do so bad yourself.
（ありがとう、君もよくやったよ）

場合によっては、自分だけじゃなく、相手も同様にがんばった、という気持ちを伝えるのもいいですね。you didn't do so bad yourself は「君自身も悪くはなかったよ」が直訳ですが、実際には「なかなかよかったよ」「よくやったよ」という意味合いになります。

- **Same to you.**（君もね）

「あなたに対しても同じことを」が直訳。相手に Good job!（やったね；がんばったね）などと言われて、同じ言葉を返したいときに使いましょう。

- **Likewise.**（君も［同様］だよ）

likewise は「同様に」の意。これも相手の言葉をそのまま返したいときに使える言い方です。

❼ その他のいろいろなお返事！
Actually, I think I could have done better.
（実は、もっとうまくできたと思うんです）

ほめてもらえたけれど、実は自分ではもっといい仕事ができると思っていた、といった状況で使える表現も覚えておきましょう。do better は「もっと上手にする」。

- **Thanks, but I really don't deserve it.**

（ありがとう。おほめには値しませんよ）

自分の実績など、相手のほめ言葉に値しないという言い回し。deserve は「…に値する」という意味の動詞。

- **Thanks, but I still have a long way to go.**

（ありがとう、でもまだまだですよ）

have a long way to go は「行くべき長い道のりがある」が直訳。自分にはまだまだ不足な点があって、これからももっと努力しなくては、という気持ちのこもった表現です。

■ 著者略歴

長尾 和夫（Kazuo Nagao）

福岡県出身。南雲堂出版、アスク講談社、NOVA などで、大学英語教科書や語学系書籍・CD-ROM・Web サイトなどの編集・制作・執筆に携わる。現在、語学書籍の出版プロデュース・執筆・編集・翻訳などを行うアルファ・プラス・カフェ（www.alphapluscafe.com）を主宰。『絶対『英語の耳』になる！リスニング 50 のルール』（三修社）、『聴こえる！話せる！ネイティヴ英語 発音の法則』（DHC）、『とりあえず英語で 30 秒話す練習帳』（すばる舎）、『英語で自分をアピールできますか？』（角川グループパブリッシング）、『頭がいい人、悪い人の英語』（PHP 研究所）、『使ってはいけない英語』（河出書房新社）ほか、著訳書・編書は 200 点余りに及ぶ。『CNN English Express』（朝日出版社）、『English Journal』（アルク）など、雑誌媒体への寄稿や、ブログ（メルマガ）『Kaz & Andy の毎日の英会話』の執筆も行っている。

テッド・リチャーズ（Ted Richards）

米国カリフォルニア州出身。カリフォルニア州立大学バークレー校卒業。1991 年に来日後、企業の翻訳部などで活躍。経済関連の新聞記事の英訳、日本リーバー、日本コカ・コーラ、グラクソ・スミスクライン、日本ロレアルなど、エンド・クライアント向けのマーケティング・リサーチ報告書等の英訳やプルーフリーディング、プレゼンテーションの通訳などを経験。パソナ、小学館プロダクション、伊藤忠、NTT、日本生命などで英語講師も務めるなど、マルチに活躍している。第 5 回しずおか世界翻訳コンクールで奨励賞を受賞。著書に『日常生活を英語でドンドン説明してみよう』（アスク出版）などがある。

英会話は、お返事でうまくいく！

2009 年 10 月 10 日　第 1 刷発行

著　者	長尾和夫（ながお かずお）　テッド・リチャーズ
発行者	前田俊秀
発行所	株式会社三修社

〒 150-0001　東京都渋谷区神宮前 2-2-22
TEL 03-3405-4511　FAX 03-3405-4522
振替 00190-9-72758
http://www.sanshusha.co.jp/
編集担当　北村英治

印刷・製本　萩原印刷株式会社

©2009 A+Café　Printed in Japan

ISBN978-4-384-05564-1 C2082

®〈日本複写権センター委託出版物〉
本書を無断で複写複製（コピー）することは、著作権法上の例外を除き、禁じられています。
本書をコピーされる場合は、事前に日本複写権センター（JRRC）の許諾を受けてください。
JRRC〈http://www.jrrc.or.jp　e-mail : info@jrrc.or.jp　電話：03-3401-2382〉